校長媽媽
50年的教養智慧

消除你的育兒焦慮，
養出孩子的好品格與生活力

黃美鴻 —— 著

目錄

目錄

Part 2

品格教養篇 118

陪著孩子、依孩子的特性，一起去認識與體驗這個世界。引導孩子去愛人、給予、體諒他人，養成孩子的好品格與融入團體生活與社會化的能力。

Part 3

學習教養篇 202

啟動孩子的學習潛力，從學校到家庭，讓孩子從小愛上閱讀與持續學習的熱情。同時引導孩子透過課業學習，把所學運用在日常生活中來解決問題。

〔推薦序〕

輕鬆又溫馨的陪伴日記

教育部課綱審議委員、新竹市關埔國小主任　李怡穎

很榮幸能夠為我敬愛的美鴻校長所著的新書《校長媽媽50年的教養智慧》寫推薦序。美鴻校長在教育界將近五十年的時間，從我初任主任一直到現在，美鴻校長於我亦師亦母，對我的叮嚀和關懷從未間斷，即便我已經換了任教學校，她還是常常帶著水果點心來看望我，也會提供專業的支援協助學校的發展。她用最好的身教提醒我，要時時刻刻保持對教學現場的關注，不能因為擔任行政而遠離了課程教學。她就是這樣一位秉持著對學習滿滿的熱情，陪伴與感染身邊的人。

美鴻校長是一位專業跨域的教育家，她在教育界的歷練和榮譽可以說是一

部教育百科全書，深受學界和親師的尊重和信任。在這本書中，無論是生活教養、正確理財、生命的禮物、健康休閒、生活感恩等多個面向，黃校長將她過去五十年在教學現場及退休後與孫子相處的點滴觀察，結合她豐富的教學經驗，寫成一篇篇真實且具體可行的教養建議，提供家長在親職教育的參考。

其中很有感的一篇文章是第34篇「培養孩子專注力的實用策略」，教室的現場常常看到孩子因為學習動機薄弱，因而對什麼都提不起興趣，專注力也就無法集中。這篇文章中的例子提醒了家長在培養孩子專注力時的注意事項，特別是在保持孩子好奇心的同時，不要阻止孩子的探究與發現。這也是一〇八新課綱所關注的探究學習：如何引發孩子的好奇與主動探索。書中實用的策略，可以幫助家長更清楚的理解如何平衡專注力與好奇心的培養，讓孩子在不斷探索中培養專注力，同時也維持著對事物的好奇心和探究精神。

此外，文章中提到的「陪伴筆記」也很實用，它鼓勵家長透過陪伴孩子一起練習觀息法等有效的小撇步，訓練孩子的專注力，並在孩子的學習和生活中扮演更積極的角色。這些策略可以幫助孩子專注，從而更有效地完成任務和達成目標。

另外一篇是教育現場很關注的議題，在ChatGPT的智慧時代，學生的學習方式和學校的存在意義都面臨了許多挑戰和反省，教育也需要將重點放在培養學生的獨立思考和解決問題的能力上，讓他們能夠在未來快速適應社會發展的變化。我們不再要求孩子找標準答案，而是引導孩子如何問出好問題，以第41篇「教出有思考力的孩子」為例，反問和引導思考非常重要。當孩子提問時，家長可以不要直接給出答案，而是反問孩子想一想或者查一下，讓孩子自己思考答案，這可以幫助孩子培養自己的思考能力和表達能力，並且也讓孩子感受到家長的尊重和支持。

遊戲是孩子的天性，當孩子說要玩的時候，家長不要只是一味的阻斷，而是如何在遊戲中訓練思考力。文中提到遊戲是孩子最喜歡的活動之一，家長可以利用遊戲的機會訓練孩子的思考力。例如，開箱遊戲可以讓孩子閱讀說明書，思考箱子裡面的物品可以如何使用、藏寶遊戲可以讓孩子思考東西要藏在哪裡才不容易被發現，這些遊戲都可以提高孩子的思考和解決問題的能力。

這是一本把最新的教育趨勢和理論，以很多親身經驗，深入淺出的寫成輕鬆又溫馨的陪伴日記，這些方法可以在日常生活中輕鬆實踐，讓孩子在學習、工作和生活中表現更出色，很適合家長們參考並試試看喔！

〔推薦序〕

一本高效管教智慧的親職寶典

國立清華大學教授、竹師文教基金會董事長　林志成

熟識專業卓越的美鴻校長已逾二十載，美鴻校長不但是我敬佩的教育部領導卓越校長、教育部教學卓越金質校長，更是一位管教智慧的親職教育專家。

很榮幸有機會先行拜讀美鴻校長管教智慧的大作，本書係一本融貫管教理論、默會知識（tacit knowledge）、經驗祕笈及行動智慧（wisdom for action）的經典，也是一本深入淺出、易讀好用，可做為教育同道夥伴、為人父母者、新手爸媽、家庭教育及親職教育工作者推動正向管教的寶典。

本書提供許多高效管教的智慧及實例，如：師長宜身教、言教與境教三管齊下，兼重生活教養、學習教養與品格教養的智慧。在生活教養的智慧中，父

母要在生活中培養孩子用正向思考、信愛望的正能量看世界，以統觀、達觀及樂觀的視角看問題；培養孩子惜福感恩、樂活耐挫、創新應變、團隊合作與解決問題等核心素養。以樂活耐挫的素養為例，強調從小培養孩子挫折容忍力及情緒智慧，教導孩子學習面對失敗，給孩子自信和正確的價值觀；給予孩子適當的挑戰，同時以鼓勵取代責備，與孩子一起試探性向、發掘興趣、培養勇氣、建立安全感。

要培養孩子團隊合作的素養，可教導孩子學習書中提供的良好人際關係的祕訣、與人互動的技巧，培養孩子聆聽及社交禮儀的良好習慣。

要培養孩子因應未來挑戰的素養，師長宜教導孩子正確理財的觀念，重視孩子真正的需求，教孩子分辨想要和需要，讓孩子成為最棒的自己。

本書的品格教養篇，強調在生活中培養孩子責任感、有禮貌、體貼關懷、同理善解、欣賞包容等好品德。父母宜學會傾聽尊重，聚焦看孩子的優點、特點與亮點，適時給孩子掌聲及合理合宜的讚賞，孩子才會有自信；師長要妙用「慢教養」的智慧，才能教出好性格；要教導孩子表達愛，會說「請、謝謝、對不起」，才能帶來好人生。父母每天要撥出時間與孩子談心聊天，用心陪孩子一起找情緒出口，同時培養孩子的對話力。

本書在學習教養篇，強調親師宜建立夥伴關係，師長宜激發孩子的好奇心、培養探索力、承擔力與反思力；透過親子共讀及多元文本閱讀，把握不同年級的閱讀目標，循序漸進，找到孩子的學習動力鑰匙。掌握說故事方法，讓孩子從小愛上閱讀、愛上學習，進而培養持續自主學習的熱情。親師間宜密切溝通合作，才能培養孩子人文素養與良好習慣，讓孩子看見更美好的未來，遇見更美好的自我。

本書提醒師長要巧用聽、說、讀、寫、思，訓練孩子的口語表達力；書中也提供培養孩子觀察力及專注力的實用策略；同時，鼓勵父母打造美感的居家氛圍，帶孩子走入大自然感受美，走進美術館，欣賞藝術作品，培養孩子美感素養。從寫日記培養孩子學習能力，問好問題，教出有思考力的孩子。

很榮幸有機會先行拜讀美鴻校長教養智慧的大作，很喜歡這本書，也相信這本智慧寶典能對國中小教育同道、為人父母者、新手爸媽、家庭教育及親職教育工作者多所助益，故敢於不揣淺陋寫序；期盼每位新手爸媽都能習得從孩子的高度看世界的智慧，成為新世代的龍父鳳母，許孩子一個快樂的童年，依孩子的天性、氣質、潛能及強勢智能，幫助孩子快樂幸福的成長。

〔推薦序〕

全方位的管教觀點

資深作家、苗栗縣斗煥國小退休校長　陳招池

本書作者黃美鴻，是治校嚴謹的校長，也是口說藝術的專家教授，更是管教有方的母親。她與我交情甚篤，同在新竹教育大學唸語碩班（現合併為清華大學），理念十分相近。學畢後，她成績優異，繼續攻讀博士，厚積勃發，學養俱佳。退休後潛心著作，在《國語日報》12版親師交流專欄作家，已刊登七十餘篇，有睿智的眼光和獨到的見解，實屬這領域的領航者。

每當文章刊登出來，她總是貼文跟我分享，不讓我錯過任何一篇她的智慧結晶，優先拜讀，猶如津津有味咀嚼著新出爐的Q彈麵包，多所獲益。如今，她集結成書付梓，化零為整，方便我們獲得她全方位的管教觀點，實屬新手媽

媽的葵花寶典，管教孩子不再是慌亂無序的忐忑，而是可以按部就班培養孩子成龍成鳳。

至聖先師孔老夫子的人生規劃，提到七十而隨心所欲不逾矩，表示到了這個階段，許多事情都看得很清楚，也是自身經驗達到登峰造極時，美鴻校長難能可貴的是，願意將一身法寶貢獻社會，奮筆疾書，以《校長媽媽50年的教養智慧》為書名，內文分：生活教養篇、品格教養篇及學習教養等三個章節，來具體而微闡述，全文共挑選四十二篇重點，全是管教過程中最容易發生的問題，均能迎刃而解；是故，這是一本有內涵、有深度、有骨有肉的好書，是作者畢生嘔心瀝血的吐哺，也是她智慧與靈感的結晶，不但有超高駕馭文字的能力，而且還有深刻的人生實踐與體悟，值得大家一讀再讀的好書。

在她出書的前夕，要我寫推薦序，我一口應允，有如此優秀的作者，願意分享她人生寶貴的閱歷，願意給生兒育女的父母親快速得到陪伴孩子成長的經驗，我當然樂觀其成，而且極力推薦讀者非讀它不可。

〔推薦序〕

讓我們齊心為教育「共好」

教育部國民及學前教育署署長　彭富源

美鴻校長是一位具有前瞻及創意理念的教育人，充滿熱情和幹勁，也是在教育界奉獻近五十年的前輩，不但經營學校有成，曾經榮獲教育部教學卓越金質獎和全國校長領導卓越獎等殊榮，退休後仍持續為教育付出，擔任新竹市教育處課程督學及清大師培系兼任助理教授，將理論與實務結合所淬鍊的寶貴經驗，透過講課、觀備議課及工作坊等方式，傳遞給下一代教育人。這本書集結美鴻校長多年來發表在《國語日報》的教養文章，每一篇都是十二年國教新課綱「自發、互動、共好」的實踐體現，將抽象的教育概念及教學方法，以淺顯易懂的教養策略呈現，讓想要瞭解新課綱的家長，透過理解新課綱進而與教師合作，共同培養孩子成為終身學習者。

很多家長都會對什麼是「素養」感到好奇和疑惑，新課綱「核心素養」關注培養孩子具備適應現在生活及面對未來挑戰的知識、能力與態度。而這本書於「在生活中培養孩子素養」章節中，強調孩子面對生活中真實情境的學習精神，著重引導孩子應用課堂知識和技能來解決日常生活的問題，讓學習更加實用、有趣。文中所舉的例子都十分生活化，提到親子一起做蛋糕，透過烹飪活動，孩子不僅可以學習閱讀食譜以及基本的烘焙知識，還可以瞭解如何調整食材、份量以及掌控溫度等細節，以達到自己想要的蛋糕口感。當孩子看到別人吃他特製蛋糕時的幸福表情，也能因此湧起熱情與自信，感受到與人分享的喜悅，進而提升了學習動機。

家長們透過此書提供的方法，也可以成為素養導向的教育合夥人。例如孩子覺得比較抽象的數學，書中提到可透過觀察披薩的分割方式，學習到分割圓的方法和平分，以及空間概念的素養。另外，透過觀察衣服標籤上的符號和百分比，可以學習到數字和符號的應用，以及如何根據需求來採買商品。藉由這些與生活息息相關的活動，可以幫助孩子從中學習到數學的應用，感知習得知識的用處，並透過與他人知識交流與經驗分享的樂趣，進而建立學習自信，讓學習成為一個有趣的過程。

教育應該關注學生的實際需求和興趣，並透過學生主動的省思，以及對於知識與經驗進行有意義的連結，將學習與現實生活中的情境結合起來，這本書體現了此精神。若想要瞭解新課綱精神如何落實於生活教養的家長，鼓勵您閱讀這本入門易懂的親職教養書，作者以生活中親身體驗的例子來協助家長成為教育的協作夥伴，非常具啟發性和實用性，不但增進親職教養職能，也可協助家長更瞭解學校老師實施新課綱的內涵，改變對教學現場的想像，共同與老師支持孩子適性多元學習，讓我們齊心為教育「共好」！

〔推薦序〕

教養孩子的生活百科

台中市教育局局長　蔣偉民

認識美鴻校長也有一段不算短的時間，只知她是一位認真、德孚眾望有語文專業的校長。沒想到她在退休後，將教育專業結合育兒、育孫經驗，定期在報紙發表文章，也同時LINE給我先睹為快，我還曾祝福她早日集結出書，嘉惠更多讀者，沒想到，她果然辦到了。

我和美鴻校長相似之處，在於都是退休之後享受帶孫（女）的樂趣，當然也偶有苦處，然苦亦樂也。在帶孫的過程中，也曾尋求幫助，思索帶孫和帶子有何不同之處？尤其是在年歲越長，知識越新的今天，如何才是正確的帶孫之道？才不會被時代所淘汰。因此育嬰育兒書籍成了我閑暇的讀物，諸如賴瑞和的《男人的育嬰史》、簡媜的《頑童小番茄》及《紅嬰仔》都成為我的床邊書，細細品嚐書中的甘苦，也針對書中的方法拿來實驗，不免沾沾自喜；有時也曾有過夢想，要寫一本育孫日記，記載每一筆和孫女相處的點點滴滴，我認為這才是一生最大的成就。

而每一次美鴻校長LINE給我的文章，我除了仔細拜讀，更是我帶孫過程中的良方，比如說「教孩子分辨想要和需要」，對我的確很需要，爺爺寵孫女理所當然，我常常帶小孫女去超商，原本想要給她買一瓶優酪乳，沒想到這個小孫女看到「跳跳糖」就說她也要，爺爺知道小孩子吃糖是不健康，但又怎能拒絕那天真的小臉蛋？這時美鴻校長的建議就派上用場，要讓孩子分辨「想要」和「需要」兩者相異的概念，想要的東西就是即使沒有，也不妨害到生活和人身安全；爺爺知道了這個道理，就會慢慢告訴可愛小孫女，跳跳糖其實不是每一次來超商都要買的。美鴻校長的建議不但替爺爺省下退休金，也保護了小孫女的健康。

又比如「不吝給予孩子鼓勵的掌聲」的段落，說孩子永遠是朝著我們的掌聲方向發展，我又想起我這小孫女非常黏爺爺，爺爺要到五樓澆花，她也說要幫我，其實我原本自己上去澆花只消五分鐘就完工了，有孫女相伴，起碼要多花三倍時間，還得時時注意她有沒有把衣服弄溼、有沒有過度集中澆某一盆花，有時不免想要發火時，又想起美鴻校長的提醒：當孩子做好事時，不管是主動或被動做的，不管事情做得是否完美無缺，都要讚賞他，孩子一定會大受鼓舞。因此每回澆完花後，我都大大稱讚小孫女的主動幫忙，而她也每次都要幫我澆花，雖然現在我要花更多的時間，然而，也許有一天小孫女就可以完全負責五樓澆花的工作，這都要感謝美鴻校長的金言。

以上偶舉兩例，就令我受益無窮，其實書中處處都是生活智慧，凡是教養孩子的各種狀況，書中大部分都有相應處置之道，另外每篇文末的「陪伴筆記」等於是給爸爸媽媽或爺爺奶奶的家庭作業，因為在帶孩子的過程中，大人不能偷懶也是要進修和寫作業的。

〔作者序〕

教養沒有捷徑，只有一步一腳印

在教育界服務了五十年，擔任過級任導師、組長、主任，在二〇〇三年很榮幸有這個機緣奉命創立新竹市科園國小，八年屆滿又轉擔任新竹市東門國小校長，於二〇一六年榮退，現在仍擔任新竹市教育處聘用督學，很有福氣能退而不休，經常還有機會到各校欣賞美麗迷人的教育風景。

在經營新竹科園國小時，每天早上我都會站在校門口迎接小朋友上學，看到許多有趣的親子圖像：有的孩子獨立性強，家長送到門口，逕自開心的朝教室方向走去；而有的小朋友好像要進牢營一樣，死纏活纏要家長陪著他到教室，緊拉著家長的手堅持不肯進來，甚至哭哭啼啼尷尬的杵在校門口，當下看到家長的無奈，我知道他需要支援，上前用盡方法解圍，當孩子聽到今早課程是「遊靜心湖」時，馬上眼睛一亮，跟家長道別，而這位家長還依依不捨，目送孩子倩影消失後，才放心去上班。

就因為這幕親子情景，引發了我想每個月寫一封信給全校家長的動力，告訴家長，學校的經營願景、素養課程運作的核心、每月推動的課程活動流程，及陪伴與教養孩子的祕方，甚至盛邀家長參與學校的親職活動。我發現家長的配合度挺高，喜歡找麻煩的家長消失了！相對的，家長願意協助和支援，肯定度也愈來愈高，讓我受寵若驚。一封一千五百字的親職信閱讀效果，竟然有這麼大的能量和影響力！所以後來即使轉任到了東門國小，我仍然維持一月一封親職信的好習慣。

二〇一六年自東門國小退休後，發現我的閱讀觀眾沒有了，即使想寫，要給誰看呢？但吉人自有天相，好人是不會寂寞的。很榮幸的，《國語日報》家庭版親子專欄林瑋主編邀請我寫親職相關的文章，分享給全國的家長閱讀與學習。這真是千載難逢的契機，就這樣，我接續寫不停，至今已登出七十餘篇。

每月登出拙作時，我都會分享給各地的校長和家長好朋友，獲得很大的迴響，更激勵我寫下去的勇氣。

現在因為擔任教育處督學，可以到各校訪視，看到更多不同的親師、親子，及現代孩子不同特質的風貌，讓我有更多的寫作靈感，希望大家共好。有一天前教育處長官很慎重地告訴我：「美鴻，您的一篇篇大作很精彩，如果可以彙整成一本親職專書更有價值喔！」給我很棒的啟發，讓我動心，立馬把登出的文章整理成「生活教養」、「品格教養」及「學習教養」三大類，各呈現十四篇相關文章，希望分享給更多需要的家長與教育者。

孩子成長在目前的社會型態中，我發現有各式各樣的因素會影響他不想上學，例如有些孩子怕考試，因為考不理想會被爸媽罵，或怕被老師唸，或是和同儕相處有壓力；有些人上學莫名其妙的肚子痛、頭暈、頭痛，但卻查不出原因，只得回家休息；有些孩子總趁家長不注意，偷偷摸摸玩電動或電腦遊戲；還有些孩子會「搶別人的玩具」、「想要的東西就要立刻得到」、「認為自己的事情最重要」等自我為中心的行為；更有些孩子翹課去娛樂場所，因為那邊的同伴更具吸引力；以上孩子這些行為都會造成家長的困擾和焦慮，不知如何來教養。

「育人」如同「育樹」，能順木之天，以致其性焉爾。教養沒有捷徑，只有一步一腳印。人生不是短跑，而是比耐力、適應力、競爭力的馬拉松長跑，別短視的希望孩子贏在起跑點，而是要贏在終點。父母在教養當中，最應關注的是孩子的心理健康，並依孩子的身心發展搭配有效的教育策略；同時和學校老師密切溝通，協同合作，就能形成教育合力，保障孩子的身心健康。這比關心孩子長得好看、穿得體面，甚至是聰明才智、學習成績、才藝培養等更重要。

本書針對孩子經常會出現偏差的言行舉止現象，提供適當建議和輔導策略，而且驗證過的爸媽都一致認為實用又非常有效。親愛的爸媽，當您碰到有相關類似的問題時，不要氣餒，不妨趕快翻開此書參考一下，希望能協助您解決育兒養子的困擾喔！

Part 1

生活教養篇

孩子的人生第一堂課來自家長的言談舉止，因此父母要以身作則，日常生活從小事做起，培養孩子的生活規矩與禮儀，並成為孩子成長路上的良師益友，親子就能共享生活的美好。

1

在生活中培養孩子素養

到新竹東門國小開會，在校門口巧遇前家長會長，打過招呼後，她略顯緊張的問：「黃校長，請問孩子在課堂學習的『素養』是什麼？聽其他家長說以後期中、期末評量都會出現『課內、課外素養題』，您知道哪裡可以補『素養考題』嗎？」

素養就是解決生活種種問題的能力

我們散步到校園的涼亭裡坐下來談，我先為她說明「素養」是什麼？

「『素養』」說的是來自一〇八新課綱的核心素養，是指一個人為了適應現在生活以及面對未來挑戰，所應具備的知識、能力與態度。」課綱中學術性的「素養」用簡單的話來說，就是「一個人生活中最根本所需要對應環境的條件」。

話說回來，素養並不是什麼新花樣，也沒有什麼深奧理論，就是讓我們陪著孩子、依照孩子的特性，一起去認識這個世界。引導孩子透過課業學習，把所學運用在日常生活中來解決問題。

我們當爸媽的，該扮演什麼角色、怎麼做、如何介入，或是在什麼情況該放手，都需要適度的拿捏。尤其要理解孩子除了學習知識和技能外，經營人際關係、團隊溝通合作與訓練情商的技能也都相當重要。

靈活學習各種素養

教育政策為因應孩子的學習路徑和方法而改變，所以調整了升高中或大學的招考方式，減少以單一考試選擇學生的比重，希望更著重學習歷程的多元展現，讓每個孩子依天賦潛能找到適合自己的人生跑道。

因此，國中、國小也跟著調整，學校紙筆評量的題型不再只有記憶題，適度增加了「理解、應用、分析、評價、創造」等向度的命題內容。這種方式跟過去的「背多分」差異很大，我相信許多爸媽都會和這位家長一樣的焦慮和恐慌，建議在家裡不妨這樣教孩子「素養」：

數學素養：大多數人都有吃披薩的經驗，其實吃披薩就可培養數學素養。請孩子打開香噴噴的披薩盒時，先觀察一下披薩是如何分割的，像披薩的切邊是否都相交在同一點，這個點該如何稱呼？除了學習分割圓的方法和平分的概念之外，還可把紙盒完全打開，和孩子一起討論盒子的展開圖，訓練孩子的空間概念素養。

也可請孩子觀察「衣服」隱藏了哪些數學祕密，從衣櫃中拿出你最喜歡的一件衣服，翻開衣服內側的標籤，上面會有「M」、「棉 100%」之類的標示。家長可先跟孩子說明，通常以英文字母L、M、S來表示大中小的尺碼，以便於購買者選擇。「棉 100%」表示衣服以純棉製成，未添加其他成分，消費者可依需求來採買。

語文素養：如何在生活中培養語文素養呢？可設法讓「生活中的語言」更精緻，例如當幼童很滿足的說：「好吃！」大人可分段引導他說出完整的句子：「媽媽煮的紅燒獅子頭真好吃。」接著，不妨問他怎麼好吃，是「口感滑順、彈牙，好吃到讓人齒頰留香嗎？」讓孩子學習更豐富的詞彙來形容。生活中多要求孩子講完整句子，表達完整概念。雖然往往孩子才講了兩個字，大人就知道他要說什麼，但如果要培育語文素養，就要多讓孩子清楚表達；請他想一想用單句和複句的語法表達時，溝通者的感受是否不一樣。

創造趣味實作機會：簡單的「讀」、「寫」素養訓練，可在親子共同閱讀中培養。陪孩子讀完一本書之後，和他討論：最喜歡書中哪個角色？為什麼？如果自己是書中角色，會用什麼方法來解決這個問題？同時，爸媽也說一說自己的看法，讓孩子理解和體會每個人都有不同觀點，並學會尊重他人想法。

我們要讓孩子感受到知識變得「有用」，讓學習動機變得「有趣」，比如我們和孩子一起做蛋糕：要準備哪些烘焙器具、材料的份量多寡、火侯應該怎麼調整，具備了這些基本的烘焙知識，就可以做出「標準蛋糕」。但孩子如果想改變蛋糕的口感，就必須瞭解應該添加或減少什麼材料，屬於素養的層面了。但最重要的是要引導孩子找到自己的熱情，例如看到別人吃蛋糕的幸福表情、做出獨一無二的蛋糕等，讓孩子看到自己的目標實現了，才會讓孩子的學習動機變得更有趣。

其實，傳統教育也都提過這樣的概念，一〇八新課綱的關鍵是提升「態度」比重——經由習得知識、技能後產生的價值、判斷和個人感受。讓我們一同協助孩子擁有自學能力、對新事物保持好奇心，遇到什麼都願意嘗試，願意探究、自主學習、思考表達，這才是素養教育的真正目標。

陪伴筆記

爸媽可以營造一些情境，讓孩子寫些小便條，寫出對家人的善意提醒，或畫下內心的感謝或祝福。

2 教孩子正確理財，穩固圓夢基石

最近家裡在整修浴室的漏水問題，負責的工程人員中，有位師傅感嘆他的孩子已經三十歲了，仍每天伸手跟他要三百元飯錢；我聽了很驚訝。他無奈地述說，兒子因為開室內裝潢公司被倒債三百萬，只好收工躲債，現在在家裡吃閒飯不打緊，還不斷怪罪老爸從小沒有教他理財和儲蓄，以致於他落得這種下場。我聽了感嘆這位公子不僅是「月光族」，更是當今社會說的「啃老族」。很多父母都忽略了從孩子小時候就要開始培養正確的金錢價值觀，才會有很多類似這位師傅的故事。

理財教育之所以重要，更深一層的意涵是，從小就要訓練孩子為他自己的生命負責，知道捅了婁子沒有人會幫他善後，他必須自己解決問題。

以下分享我自己教育孩子的經驗：

藉由閱讀來幫助孩子培養金錢觀，透過生活化的故事引導孩子學習「錢的管理」，年紀較小的孩子可用繪本導讀建構金錢觀念，像是《一片披薩一塊錢》、《浣熊洗衣店》、《小兔子學理財》及《我的第一個小豬撲滿》。年齡較大的兒童與青少年可閱讀《理財小達人》、《金融素養小學堂》、《牛頓的金錢教室》以及《小狗錢錢與我的圓夢大作戰》。這些故事都很生活化，很適合親子共讀，大人和小孩可以一起討論管理金錢的重要觀念。

而錢也和生活大小事密切相關，爸媽可以模仿故事中的角色，利用生活中所發生的事件，給孩子一個小小的任務，並從旁協助孩子規劃與實踐。如果學會預算控制和管理，就等於學會了聰明消費的第一步，未來他將是金錢的主人，而不是被欲望牽著鼻子走的錢奴。

教孩子分辨想要和需要

接下來，要教孩子分辨「想要」和「需要」兩者相異的概念，像是日常生活中哪些東西是「需要的」，哪些是「想要的」？父母和孩子一起討論，釐清「想要」是什麼？想要的東西就是即使沒有，也不妨害到生活和人身安全，例如：玩具、電玩小卡片、故事書等。而「需要」是什麼？例如：上學要用的文具、書包、水壺、口罩等，如果缺乏的話，會影響到上課寫作業及身心健康。

所以當孩子強烈想要某樣東西時，爸媽要教育孩子，「想要的」東西並不是被禁止，而是要被規範的。

再來是儲蓄理財，爸媽帶著孩子一起做規畫，例如：孩子的球鞋舊了或壞了，想要買最新款的球鞋；父母可以建議：剛上市的新款球鞋一雙要二千元，如果買不是最新的款式，只要一千元。而你的腳又長得很快，半年後可能又要買新鞋，這樣省下來的一千元，可以再買一雙新鞋呢！

在學校，我經常看到孩子會為了非常「想要」而犧牲了「需要」，例如孩子會把早餐費省下來，存起來買想要的東西。這時，爸媽不能因為孩子餓肚子而心軟，要引導孩子學會承擔自己的選擇，「想要」的動機絕不能影響正常生活。

實際選購中學習

爸媽的金錢觀會影響孩子的價值觀。如果爸媽喜歡買名牌，談話之間常炫耀自己的東西多麼高貴、花了多少錢，總認為便宜沒有好貨，買東西一定要到大百貨公司，孩子無形之中可能也會養成這樣的態度。

相反的，如果爸媽節省過了頭，變成小器，孩子也可能會是不樂於分享、只想占別人便宜的人。

所以，過與不及都會讓孩子的價值觀產生偏差，爸媽必須留心自己的消費行為。日常生活中就有許多可善用的機會教育，例如買鮮乳時，年紀小的孩子可能會挑選盒子上有漂亮圖案的，而大一點的孩子會考慮容量、價錢、有無贈品，這時，爸媽可趁機和孩子討論，是要喝到較多的鮮乳，還是想要保留牛奶盒？或是相近的口味，選較便宜的，是否比較划算？讓孩子多思考與做選擇。

✦ 學會支配金錢

父母開始給孩子零用錢時，要先協助孩子擬定「零用錢支配計劃」。

過年時，如果孩子收到很多的壓歲錢，爸媽應先讓孩子瞭解壓歲錢的意義，並說明爸媽先替他保管，和孩子一起把錢整理好、數好、收妥，孩子就會懂得錢不能隨意亂放。接著，帶孩子一起去銀行，把錢存入孩子的帳戶，讓他看到存摺上的存款數字。當他想買比較特別的玩具時，再帶他去提領。父母也可提供孩子更多選項，例如受邀參加朋友的生日派對時購買禮物，或發揮慈悲心幫助需要的人等。

隨著社會脈動的改變，親子理財愈來愈受到重視，卡債風暴後，更凸顯出理財的重要性，每個人的價值觀與消費行為應從小紮根，孩子未來人生才能穩健成長，築夢踏實。

陪伴筆記

父母可以觀察孩子們如何利用日常的零用錢或是過年時收到的壓歲錢，然後從旁引導他，做個精打細算的消費者。念小學的大孫子升上五年級後，對於生活，他開始有一些調劑和品味，尤其睡覺前他總想聽一些故事或輕音樂，每次都要跟我借唱機，所以他很想擁有一台自己的手提唱機。其實他已經先詢過價了，要一萬元左右。此時，我就和他討論，「你覺得這是需要，還是想要？」大孫有點尷尬的說：「應該是想要吧！」但他又理直氣壯的說：「可是，音樂可以助眠，也算需要吧！」我又回他，「其實沒有音樂你也可以睡著呀！這樣好了，你過年的壓歲錢不是有規畫想要買的東西嗎，就自己看著辦吧。」然後我就放手讓他自己做決定。

3

特別的禮物

兒童節或孩子生日時，許多爸媽都會費盡心思地為孩子挑選禮物。單純想討好孩子開心不難，只要買玩具、電動遊戲，或漂亮的衣服、鞋子，當下孩子會開心的手舞足蹈，但快樂和滿足很快就會消失和忘記。

但，如果送的是讓孩子「心動的禮物」，他將一輩子都記得且終身受用。

我經營學校時，曾實施「下課二十分鐘運動」，只要我沒公出，一定陪伴學生「同在」操場上活動，也因此看到學生臉上綻放的笑容愈來愈多，愈來愈燦爛。他們天真浪漫地跟我說：「校長，我跑得比妳快！」得意洋洋的模樣讓我印象深刻。

看到孩子的自信與滿足，我深深感受到這就是孩子渴求的「快樂禮物」！

有一次，孫子的生日快到了，我問他：「你想要什麼禮物？」他的答案竟然是：「到淡水婆婆家玩一天，不寫功課，也不要補習。」

我接著問：「你不是想要鹹蛋超人嗎？」

他語出驚人：「我喜歡鹹蛋超人，但我更想要輕鬆一下。」

我很訝異現在的孩子是否壓力過大，想要的禮物竟然是「輕鬆一下」。

以上兩個孩子的童言童語，讓我感到「有品質的同在」和「輕鬆一下」，或許是陪伴孩子成長最棒的禮物。

當孩子生日或有特殊表現時，像是考試進步很多，孩子們總會期待收到許願的禮物。但要準備怎樣的禮物，才能讓孩子喜出望外、心滿意足，同時也對他有幫助呢？有些禮物只換來孩子幾分鐘的驚喜快樂，隨後就被丟在角落蒙灰，甚至成為日後整理打掃的負擔；有些禮物背後蘊藏爸媽的用心，卻換來孩子面露難色，好運的話可得到他們的一句：「謝謝爸爸媽媽！」

有形的禮物也許能讓孩子興奮一下子，但是無形的禮物可能會影響他一輩子。有個禮物很特別，只有爸媽才能給出的，就是我上面所說的簡單又無價——「同在」。

同在是什麼？同在就是全心全意與孩子在一起，在一起的時間裡，哪怕只有幾分鐘，爸媽放下手邊、心中所有事物，全然地聆聽孩子表達，把心和注意力完全放在他身上，理解孩子的感受、情緒，不要急著說教或給建議，就是單純張開雙耳和心胸，面對眼前這位「獨一無二」的孩子。

「有品質的同在」並不是用時間的長短去衡量，即使是短短的幾分鐘，都能讓孩子感受愛與溫暖，這將會成為孩子一輩子的珍寶，讓他可以時常拿出來品味，得到滋養。當他面對成長的挑戰時，這也將化為支持他面對挑戰的動力。這份「同在」的禮物，只要父母有意願、把心準備好，馬上就可以送出。

重視孩子真正的需要

孩子是獨立的個體，更是自己的主人，我們要把孩子看做是「獨立的生命」來尊重，不能漠視孩子的真正需要。

放假時，我建議爸媽大方的開放討論，讓孩子說出想要做哪些活動或和家人一起旅遊，不論他們想要逛書店、看電影、遊覽名勝古蹟，或到郊外享受大自然、爬爬山，或是去拜訪親朋好友等，都尊重他們的規劃和想法，並趁機訓練他們的時間管理能力。

其實，大人常會強制孩子走在我們為他們設計的人生道路而不自覺，我們基於愛孩子，唯恐他輸在起跑點，為他安排各種才藝學習，甚至以補償自己的心願來運作，結果使孩子疲於奔命，這對孩子是不公平的。

「育人」如同「育樹」，能順木之天，以致其性焉爾。教育就是要尊重孩子的天性，讓孩子適性的發展潛能。孩子不是大人的私有財產，尊重孩子，將孩子看成一個獨立的個體，是家庭教育的首要原則，也是教育的成功之道。

有形的禮物可讓孩子度過一個愉快的兒童節或生日，用心送上「無形的禮物」卻可以給孩子一生幸福。所以，「尊重、同在、輕鬆一下、需要」，就是送給孩子最好的禮物，更是品格成長的營養素。我們願意真誠用心的尊重孩子，相對的，他就會尊重別人，因為我們就是孩子的榜樣。

每天都要做到333

天下父母心，沒有人不疼愛自己的心頭肉，在疼愛之餘，也應顧慮到孩子的感覺，注意他快樂嗎？他的需求是什麼？爸媽有沒有放下身段來傾聽他的心聲？從實際問卷調查中，發現台灣孩子只有中等快樂（生活的快樂分數只有七十七分）。曾經有些學生親口告訴我，他們的不快樂是因為「補習班功課好多、好難」、「我擔心同學跟我絕交」、「我星期一到星期六都要去補各種才藝」，這也呼應了上述我的孫子的自然反應，他要的禮物就是「輕鬆一下」。

童年只有一次，如果孩子記憶裡盡是功課、補習班，多麼令人遺憾。當中必定要穿插「親子時間」及有屬於他的「時間、空間」，孩子才會感到幸福與快樂。

建議爸媽們，每天至少要愛孩子333：擁抱30秒、傾聽3分鐘、陪伴30分鐘。這樣的親密互動，從孩子愈小開始做效果愈好，當然現在開始也絕不嫌遲。你會發現孩子身上出現一股神奇的力量，孩子與父母將產生更多有趣溫馨的互動小故事。

千萬不要對孩子有過高的期望和壓力，人生的成長是馬拉松，步步要走穩。要贏在挫折點，贏在終點，才是目標。所以送給孩子特別的禮物，就送「尊重、同在、需要、輕鬆一下」的誠心大禮，讓彼此留下最美好的回憶。

陪伴筆記

觀察孩子對禮物的喜好，然後寫下來；例如有些孩子喜歡玩樂高、有些孩子喜歡汽車、有些孩子喜歡故事書，有些孩子喜歡到戶外玩耍或去旅行，藉由孩子喜歡的東西來瞭解他的興趣或天賦，進而協助他們自然發展。

也可以請孩子將他很想要的禮物寫下來，一起完成禮物心願清單。

當然這些禮物不一定是實體的物品，也可以像是我在文章中寫的「同在」、「輕鬆一下」，像是：「週末只有我和爸爸（或媽媽）兩人，一起去公園散步三十分鐘。」這樣單獨的同在，對有手足的孩子來說，是非常特別的時光喔。

4

歡樂假期，從安排計畫開始

每年當炎熱的酷暑來臨，長達兩個月的漫長暑假，冬季時也有將近一個月的寒假，相信孩子們大多是既興奮又期待。雖然學校課程因假期而暫告一段落，但孩子的學習成長沒有假期之分，我建議家長們仍須堅持鼓勵孩子保有良好的學習態度，時時自我充實。尤其在長假期間，希望能讓孩子體驗到課堂無法提供的知識，認識教科書以外廣大的世界。這是我們親師間必須共同協助孩子做好規劃的重要課題，讓孩子擁有充實而難忘的假期。

妥善做好時間管理

首先我們要提醒孩子妥善做好時間管理，例如和孩子一起討論規劃假期的每日生活表，如下表，爸媽和孩子共同制定合理的作息時間，讓孩子在生活表的引導下，學會自律，自己管理自己的時間。

漸進式培養孩子做家事的能力，維持規律正常的作息，不可因為放假而日夜顛倒，或浪費很多時間在玩電腦、線上遊戲、看電視或滑手機等聲光娛樂上。父母尤其要關注孩子們使用3C產品的時間，以維護他們的視力健康，同時需用心教導孩子網路使用的規範、尊重他人隱私，避免違法使用侵權影音或竊取他人虛擬道具和個資，以及網路謾罵等不適當的行為，培養是非觀念和知法守法的公民意識。

注意身體健康，安排戶外活動

放長假在家，孩子的運動量會明顯減少，要讓孩子每天至少運動三十分

暑假每日生活表

時間	作息	做到打V	沒做到打X，並寫下為什麼沒完成
07:00~07:30	起床、疊被子和刷牙洗臉		
07:30~08:00	吃早餐		
08:00~08:30	整理家裡環境		
09:00~10:00	鍛鍊身體		
10:00~11:00	做暑期作業		
11:00~12:00	閱讀課外書		
12:00~13:00	吃午餐		
13:00~14:30	睡午覺		
14:30~15:00	自由活動		
15:00~16:00	聽讀英語課文		
16:00~17:00	寫毛筆字或繪畫、閱讀		
17:00~17:30	自由活動（包括做家務事）		
17:30~18:30	吃晚餐		
18:30~19:30	看電視或玩自己喜歡的玩具、電動		
19:30~20:30	寫日記		
20:30~21:00	洗澡，刷牙		
21:00~21:30	聽故事，準備睡覺		

鐘。家長下班後，陪伴孩子到附近的學校或公園跑步、打球。如果環境不允許，YouTube上有許多免費的運動課程，只要在家就可以跟著影片動一動。因為運動不僅可以幫助孩子生長發育、提升體適能、加強新陳代謝和抵抗疾病的能力，更能學習與人相處、培養團隊合作能力及遵守規範的態度。

夏季高溫濕熱，是腸病毒流行蔓延的高峰期，所以要叮嚀孩子養成良好衛生習慣，勤洗手，儘量避免到公共場所。多攝取新鮮蔬果，如果發現有不適症狀，就應該立即就醫。

在假期中，如果全家要出遊，可讓孩子參與計畫。例如全家要去露營，出發前要準備哪些東西、天氣預報如何、上網找資料等等，從住（帳篷、睡袋等裝備）、食（瓦斯爐具、鍋子、碗筷等）、衣（只露營一晚，衣物該如何帶？）、育樂（相機、充氣沙發、行動電源、垃圾袋等）、其他個人用品等，最後還有孩子的玩具；建議父母和小孩一起列出「露營必備清單」，然後一起打包，並逐項檢核，讓他更有參與感。在這樣的過程中，孩子會同時學到了如何計畫和準備一趟行程。

有些家長會幫孩子報名許多課程，在報名前應先和孩子討論，詢問他們對哪些類型的活動有興趣，再送他們去學習，這樣才不會浪費了金錢和孩子的時間。爸媽儘量依照孩子的興趣，協助安排有趣有意義的活動，最好能安排體能訓練或增長見識的活動，像是游泳、跆拳道、騎馬、烘焙等。

寒暑假也是難得的閱讀時機，報章雜誌推出的暑期或寒假閱讀書單，可以做為選書參考，或是帶著孩子到書店逛逛，讓他們自行選購心儀的課外書，返家後親子一同閱讀與討論。或是購買一些圖文並茂的DIY書籍，親子可以一起動手做手工藝品。

如果時間與經濟許可，也可安排和孩子一起到外地旅遊，旅遊地點要尊重孩子的選擇來安排計畫，例如到海邊享受追逐海浪的刺激，玩累了躺在沙灘上，欣賞夕陽餘暉，親子親密的談心，紓解平日緊張的情緒；或看看古蹟等不同風光，開拓視野，增廣見聞。若是家裡環境許可，也可安排烤肉活動或家庭宴會，邀請鄰居或孩子的同學參加，讓孩子學習待客之道。

父母只要用心，孩子的假期必能過得安全充實又有趣的。

陪伴筆記

在假期的一開始，和孩子一起討論如何規劃假期，並請他寫或畫下來，然後列印出來，貼在家中的顯眼處，例如他房間的門上面、或是書桌前的牆面上，也可記錄在網路上家族共用的行事曆中，然後督促他的「執行力」，每週檢核進度。有智慧的家長在愛的堅持下，一定可以和孩子共度健康有活力的歡樂假期。

5 健康的生活態度從感恩做起

某天，我在一家餐廳，隔壁桌坐著母子三人，有說有笑，還不時讚美桌上的佳肴。每當服務生端菜上桌，他們都會自然而然齊聲說：「謝謝！」用餐完結帳後，媽媽還特地帶兩個孩子到廚房門口，向廚師們行90度禮，然後開心的離開。我聽到媽媽對廚師說：「謝謝您，今天的菜真好吃，下次有機會我們一定會再來。」這一幕讓我印象深刻，誠懇的道謝讓服務的人感到愉悅，這位媽媽肯定是心存感恩的人，更令我敬佩的是，她以身教帶領孩子實踐。

尊重他人，學會感恩

我在經營學校時，午餐時刻走訪每間教室，總會聽見孩子們可愛又真誠的聲音說：「謝謝叔叔、阿姨！謝謝爸爸、媽媽！謝謝老師！請開動！」此起彼落的「感恩聲」，至今仍縈繞耳際。

孩子學會感恩，就是學會尊重他人。感恩的教育就是「愛的教育」。人如果常懷感恩之心，不僅能培養與人為善、樂於助人的美德，還能促進健康人格的養成，更可以建立和諧的人際關係。

家長是孩子最初的老師，孩子的「人生第一堂課」就來自家長日常的言談舉止。家長不經意間的行為舉止或不良習慣，都會對孩子產生耳濡目染的影響，例如家長經常耳提面命規定孩子，回到家時要把鞋子放進鞋櫃，再換室內拖，但是爸媽回到家時，鞋子卻隨腳一脫，穿了室內拖就上樓；孩子看在眼裡，是否會想：「爸媽做不到的事，怎麼可以要求我們呢？」所以儘管工作累垮了，也請記住，要求孩子的同時，自己也要做到。

某些大人在閒聊時，批評某某人很沒品、小氣又自私，孩子聽到耳裡，心裡會很納悶，爸媽平日不是教導我們：「不要在背後論人長短嗎？要欣賞別人的亮點喔！」

以上兩個例子是家長很明確的不良身教言教，但許多家長往往渾然不知。

寵溺過頭難以滿足

對於孩子的需求，父母要審慎評估，如果凡事有求必應，過於寵溺，很容易養成他們唯我獨尊、只知索求、不懂謙讓、不知回報的自私個性。長大以後，這種性格將很難與人相處，導致到處碰壁。

所以，爸媽要懂得適時對孩子說「不」，不能因為寵溺而無止盡地滿足孩子的要求，否則會讓孩子以為一切都是「應該的」，變得愈來愈難被滿足。例如，「規矩」就不可打折或有模糊空間；每個家庭的生活方式雖然都不同，但基本生活規矩是一樣的。舉個我家發生的小事為例，某天，孫子跟媳婦借手機玩遊戲，母子倆的共識是玩十分鐘，但當時間到時，正玩得精彩的孫子哪肯罷休，懇求媽媽：「快要贏了！快勝利了！再五分鐘。」媳婦心軟輕輕放過，沒想到孫子一而再的沉迷和要求延展時間，沒完沒了，最後媳婦忍無可忍，直接把手機拿走，並規定孩子七天不能碰手機。孫子當然很失望，但也讓他省思：因為自己的迷戀，必須接受一週不能玩手遊的處罰。

謝天謝地謝謝大家

教孩子要經常把「謝謝」、「請」掛在嘴邊。在孩子還不知道「感恩」是什麼之前，我們可以先建立孩子感恩的習慣。父母先做給孩子看，不管是對餐廳服務生或學校的師長，我們都應該感謝他們，不可抱持「這是他們應該做」的態度。有時，我們會以長輩的身分使喚孩子做事，這時要有禮貌的「請」他去做，同時也別忘了跟孩子道謝，因為這是一種尊重。

從小培養孩子感恩與分享，不僅是一種禮儀修養，更是一種健康的心態。只有學會分享和感恩的人，將來才會跟身邊的人好好相處，與他人快樂合作。

在孩子成長的過程中，我們如何教孩子學會感恩呢？以下是我的方法：

將感恩融入日常生活中：父母是榜樣，做好典範，盡量把握契機以身作則。例如：媽媽幫爸爸做事時，爸爸要對媽媽說：「謝謝！」媽媽接受爸爸的幫助，也要說：「感恩！」孩子自然會在禮貌的互動氛圍中養成基本禮儀，也學會向父母和幫助他的人道謝。

偶爾表達自己的「需要」：適時的讓孩子為父母做一些事，比如去超市採買，請孩子幫忙提他可以拿得動的物品；或是感覺疲累時，請孩子幫忙倒杯水等，讓孩子在生活中自然地學會付出和關心別人，理解父母和別人的付出都是出於愛，而不是理所當然。

家長也可找機會帶孩子一起參與愛心活動。最近土耳其大地震，兩個孫子從電視新聞看到小孩從瓦礫堆中被救出來的驚恐畫面，不禁淌下淚來，他們就主動從自己的儲蓄筒掏出三千元，請我幫他們投入救濟專戶，讓我感受到孫子擁有的愛心和憐憫之心。

我們也可以鼓勵孩子與貧困地區的孩子交流，讓孩子懂得珍惜幸福，改變孩子的驕縱與冷漠，進而促發他的慈悲心、惜福心和感恩心。

給予孩子鼓勵的掌聲：孩子永遠朝著我們的掌聲方向發展。當孩子做好事時，不管是主動或被動做的，不管事情做得是否完美無缺，都要讚賞他，孩子一定會大受鼓舞。例如：每當我在整理摺疊全家曬乾的衣褲時，兩個孫子都會主動前來協助，依照家庭成員分類擺放，最後分送到每個人的房間，原本如小山般的衣物一會兒工夫夷為平地。兩個孫子和我都很有成就感，我馬上稱讚他們：「謝謝你們，你們好貼心、好棒！」家長由衷的肯定，是孩子的動力泉源。

分享當天感恩的事情：晚餐或睡前請孩子說一兩件當天值得感謝的事。剛開始，孩子可能會想不出來，這時可提醒他，例如同學的讚美、老師為他批改作業、志工維護他過馬路的安全等。無論大小事，都應該時時抱持感恩的心。

陪伴日記

寫下你覺得孩子最近讓你很感動的三件事，然後和孩子分享這些事，稱讚他，謝謝他，並讓他知道妳的心情，以及為什麼。比如，他會自己把換下來的衣物放到洗衣籃。儘管是很小的事情，但他記住且做到了，所以媽媽感到很高興。

6 讓孩子成為最棒的自己

有一天回學校，看見操場上有一群中年級的孩子在燦爛陽光下，專注的聆聽體育老師講述如何運用布袋，跳出可愛的「袋鼠」。接著，兩人一組練習，只聽見孩子開心的說這樣跳、那樣跳比較好。

練習完畢，老師請同學們表演，有的直挺挺地跳、有的半蹲跳、有的彎腰跳、有的單腳跳、有的雙人跳……創意十足，最後老師說：「停！請問誰跳得最棒？」

當下所有孩子情不自禁都高高舉手說：「我最棒！」每組同學都非常有自信的肯定自己。這個景象讓我深切感受到每個孩子都想做「最棒的自己」。

許多父母聽到商人恐嚇式的宣傳：「孩子不能輸在起跑點上」，常會趕緊把孩子送去學習才藝，舉凡語文、數學、潛能創意或五花八門的腦力開發，我認為學幾樣才藝無可厚非，讓孩子從中摸索找出自己有興趣的項目，然後繼續發展，或在心情煩悶有抒發的管道，但「全補」的下場往往使得爸媽淪為「忙碌的司機」，每天奔波在不同的上課地點，上氣不接下氣的接送孩子。

提早學習一些認知方面的課程當然無妨，但它只是短暫的讓家長放心和滿足虛榮心。以我自己養育孩子和帶孫子的經驗，以及教學時看到許多孩子的成長歷程，發現這樣做並不會讓孩子成為最棒的自己。現在仔細回想起來，反而覺得浪費了許多無謂的金錢、精力和時間，更可怕的是，會排擠掉孩子隨著大腦發育而應該及時給予的正常發展，譬如人格養成、情緒發展和人際關係等。

人生不是短跑，而是比耐力、適應力、競爭力的馬拉松長跑，別短視的希望孩子贏在起跑點，而是要贏在終點。因此，我綜合了一些看法，提出來給家長參考：

耐心等待：首先要耐心等待，給孩子充分的思考時間。成人最常犯的毛病就是在問孩子問題時，通常只等一兩秒鐘，如果孩子沒回答，就迫不及待的告訴他們答案。這真是荒謬，我們提的問題大多是經過幾十年來，累積了多少前輩的研究與發現，而卻期待小小孩子迅速想出答案，豈不是不合邏輯嗎？

激發創意：接下來要提醒爸媽慎用「說話用語」，當我們和孩子討論任何問題時，不要脫口就說「對」或「就是這樣」，如果是一般的鼓勵，沒問題，但對於專業性探究來說，肯定語等於暗示討論完畢，已經有標準答案了；我們可以用「那真是有趣」、「哇！我以前從來沒有這樣想過呢，你怎麼這麼厲害，想出這麼有創意的點子。」或者再多問一些問題，多提示一些看法，讓討論可以持續下去，激發孩子更多的想法和創意。標準答案會嚴重限制孩子的思考，孩子在不斷的補習和考試下，創意怎麼還可能存在呢？

建構ＥＱ：有些學生會跟我爆料：「爸媽平日對我很好，只可惜在看到我的考卷後，ＥＱ會降到最低點。」這透露出連成熟的大人都很難控制自己的情緒，更何況是小孩呢！提升EQ的歷程，比較像「日漸成熟，減少犯錯，錯得更少，錯的時間更短」，而不是立即性的痛改前非。所以當孩子出狀況時，最好讓夫妻中情緒較平和的一方去處理相關事宜，才能細膩而有耐心地導正孩子正向的思維和行為，讓孩子學會包容、尊重和發展情緒的覺察、表達及管理等能力，建構未來發展重要的基礎。

天下沒有白吃的午餐，要帶出優秀傑出的孩子，家長必須有相對的付出。孩子的成長不能等待，只有單程票，沒有來回票，為讓這段不可逆的過程更有建設性，未來不致於後悔，家長要耐心給孩子充分的思考時間，注意說話的遣詞用字，提升自己的EQ。希望理性的爸媽盡量發揮愛心和耐心，讓孩子能做最棒的自己。

陪伴筆記

你的孩子上了多少才藝課、補習課（英文、數學、作文……）呢？把每一項課程都寫下來，算一算總共佔去孩子多少時間？

然後和孩子一起討論，這些課程是否都是必須的？（注意，請聽孩子的意見。）

想一想，能不能只保留孩子自己最想上的課程？這樣你和孩子都會得到更多的親子時光。

同時觀察自己和孩子相處時，說話（或是請孩子做事時）是不是很急躁？

如果是，不妨請孩子提醒你，「媽媽（爸爸）慢慢說」、或「爸爸媽媽，請等一下，讓我自己慢慢想（慢慢吃飯）……（注意，拖延與慢慢來，是不同的，要教孩子清楚辨別。）

7 父母是孩子的最佳領航員

前幾天參加孫子學校的校慶園遊會，家長與孩子熱烈參與，人潮洶湧。我和媳婦、孫子也淹沒在人群中，眼尖的孫子突然發現地上有一個紫色皮包，他毫不猶豫地撿起來打開看，驚呼：「好多園遊會的兌換券喔。」他眉飛色舞，很神氣的自言自語：「真好運！我可以買好多恐龍蛋呢！」

當下我不動聲色，只見媳婦變了臉，很嚴肅的說：「快把皮包給我。」她立刻帶著孩子直奔學務處，將皮包交給主任。接下來，她用感性而溫婉的語氣安撫失落的孫子：「別人的東西不能據為己有，這是犯法的。我們要有同理心，想想看，如果皮包是你掉的，你會不會很著急地尋找？」這時孫子恍然大悟，點點頭說：「媽媽，我知道了。」這真是一幕讓人感動的親教風景。

依我教養孩子的經驗來看，讓孩子提早學習認知方面的課程，只會短暫滿足爸媽的虛榮感，以長期表現來看是沒有差異的。因為一般家長都愛面子，喜歡和他人的小孩比較成績和分數，但還有比成績更重要的是品德和好習慣的培養，這是跟著孩子一輩子重要的特質和人品。

當然天下父母心，都希望孩子比自己強，希望他們成龍成鳳。父母人生閱歷豐富，是孩子最佳的領航員，因此建議要從日常生活做好榜樣，讓孩子在耳濡目染中具有氣質和教養。

首先從「情緒管理」談起，心理學家鄭石岩教授指出：「一個人在童年時期的情緒學習經驗，特別是家庭生活，父母的情緒身教，乃至家人的情緒表現，都是孩子情緒生活的基礎。」所以懂得情緒管理、正向思考的父母，孩子的觀念也必定是積極、樂觀、正向的，誠如鄭教授所說：「孩子的思考模式，大部分是直接從父母複製過來的。」

我的四個孩子個性都開朗樂觀，很多朋友會問我教孩子的祕訣，答案很簡單：「我從來不在孩子面前講負面的話，對孩子只有鼓勵與讚美。」

接下來是引領孩子學習正確的消費、儲蓄和理財生活，這是一條需要堅持和勉強的路程。當家長因為收入豐厚而不知不覺的浪費金錢時，孩子就無法學會合理的消費，更不懂得量入為出。一旦孩子脫離了父母羽翼，就容易陷入卡債的危機。

其實，大人的每個動作（言語），孩子都會學起來，如果父母外出無論距離遠近都習慣搭乘計程車，孩子自然學會隨手叫車；父母前往賣場購物時，如果沒有列好採買清單，隨意購買東西，孩子也很容易養成過量購物的習慣。

另外，由於習慣會改變人們的生活狀態，有好習慣就會有良好的生活狀態。所以父母應該自律，包括生活作息、衣著、用餐、言談舉止、衛生、守時等，這些習慣都會潛移默化地傳遞給孩子。良好習慣表現在諸多日常生活細節上，包括認真做事、節約環保、勤於動手等，都是在平日一點一滴逐漸養成。

在日常生活中，家長可帶著孩子一起做垃圾分類、摺衣服、整齊放置到各人的衣櫃，吃完餐點後立即幫忙收拾之類的家事分工，依孩子的年紀讓他們逐漸參與家事，並成為習慣。

當孩子願意參與做家事時，請記得不要用大人的標準來要求他們，多用鼓勵、讚美的方式和有趣的策略，才不會讓孩子產生壓力、無聊或厭煩。

父母是孩子最好的老師、最佳的指導員，孩子隨時隨地都在觀察、模仿，甚至思維模式，耳濡目染下逐漸成為大人的翻版，所以我們要持續努力做好典範，成為孩子忠誠而穩定的最佳領航人。

陪伴筆記

想一想自己（或另一半或家中的長輩）的生活上是否有一直想改進，卻做不到的小習慣，比如鬧鐘響了還一直賴床，或是喝完水，杯子就擱置在桌上……，然後觀察孩子是否也有這些習慣。

把這些事情寫下來，和孩子一起討論，可以一起怎樣改進。

同樣的方法，也可用來審視自己和孩子的消費習慣，以及該如何改善。

8

教孩子愛惜生命且會生活

有一天傍晚，孫子放學回家後，照例讓他到地下室的玩具間玩三十分鐘，就可以上樓共用晚餐，但只過了約十分鐘，聽到孫子大喊：「阿婆！有蛇！」

我立馬奔下樓察看，果真有一條長約一百公分的小蛇正攀在鞦韆的支架上，還不時對著孫子吐信。我連忙叫孫子往退後，千萬不要驚動牠。等我鎮定下來打量那條小蛇，發現是有毒的眼鏡蛇。我們家靠近山區，加上天氣酷熱，蛇出沒的機會多，但仍意外眼鏡蛇竟然來拜訪我們家。當時我腦海中閃過：「應該把牠處死，否則牠再光臨，萬一傷害了家人怎麼辦？」

不一會兒，媳婦也下樓來了，她用捕蛇器很快速就把蛇緊緊掐住，我暗示媳婦把蛇處理掉。

沒想到，大孫在旁邊苦苦哀求：「阿婆，把牠放生好嗎？小蛇死了，牠媽媽一定會很傷心。」

我突然醒悟：「這麼可愛的小生命，我要這麼殘忍嗎？」媳婦也很感動兒子的愛心，她把小蛇綁進麻袋，然後騎摩托車將小蛇載到遠一點的山上放生了。

此事落幕後，我內疚很深，我的慈悲和生命觀竟不及七歲的孫子，平日教誨學生要尊重生命，但身處危機當下竟全然忘了。

在經營學校時，學校的同仁都很努力規劃校本課程，把生命教育融入各領域，並藉由繪本、童書故事引導，以及種植和飼養等體驗活動，培養學生們尊重生命、愛護動植物的情操；讓學生感受生命成長的歷程，擁有同理心，能站在他人角度為人著想，建立人與己、人與人、人與環境之間相互分享、關懷和感恩的關係。最後能內化於心，經由體驗活動與做中學的實踐精神，表現於生活中。

在家庭裡和孩子互動的日常經驗，家長應儘量做到：

培養生活智慧：父母要教孩子懂生活和具有智慧。有人曾經問我，對孩子的期待是什麼？我毫不猶豫的回應：「健康、快樂、做自己，和記得愛我。」

父母不光是用錢養孩子，更要多用心，讓孩子擁有父母陪他們讀故事、遊山玩水、騎腳踏車、逛書店等的記憶，尤其要教他們做一個懂得快樂生活的人。生命是慈悲喜捨，比讀書、分數更重要，會成為孩子一輩子受用的資產，而慈悲、尊重、理性是孩子智慧的泉源。

犯錯是孩子學習的契機：容許孩子有犯錯的機會，因為犯錯是學習的契機。學習必須在孩子認知或能力基礎上進行，才能發揮意義和有感。所以，當孩子犯錯時，我們必須讓孩子心裡上有感覺，再藉由對話的接納態度，讓孩子在大人的陪伴和引導下，逐漸建立正確的價值觀，以及學會面對問題、解決問題的方法。當然，這歷程不會只是一次，而是一次又一次，就好像我們學騎腳踏車或游泳一樣，也是一次又一次的失敗、一個階段又一個階段的逐漸學會。

很多事很難一次就學會，但父母很習慣「速成」，我們小時候也是這樣慢慢學會很多事，只是我們都忘了。更何況，現在的社會風氣、數位資訊、媒體素養以及物質環境，讓孩子必須用更多的心力去面對，以及挑戰自我的控制力。

當孩子犯錯時，我們必須把握和珍惜這個學習契機，也應更有耐心的回應與等待，讓孩子在溫暖的環境中，建立願意面對錯誤的勇氣，逐漸形成他正向合宜的待人處事態度與方法。這樣，這個「錯」才會發揮它的附加效益，也讓孩子有再次學習的機會。

當孩子說：「對不起！媽媽，我不小心把妳心愛的杯子摔破了。」就可得知，他因為這次經驗，以後會更加小心謹慎。作家希．切威廉斯曾說：「人生是一次航行，航行中必然遇到從各個方面襲來的勁風，然而，每一陣風都會加快你的航速。」

其實犯錯不是危機，而是學習的契機，犯錯後要學會檢討。人生中常有偶發意外發生，怎樣去解決，而且從中學到教訓和經驗，繼續往前，才是實踐生命教育的最佳價值。

愛惜生命：最後，我希望孩子能「尊重生命」，而這樣的態度來自於平日的生活教養。想起我兒子小時候遇見毛毛蟲的故事，兒子唸國小時，有一天我們在回家途中，遇見一隻正在穿越馬路的毛毛蟲，孩子鄭重地說：「媽媽，我們要讓牠順利通過，不要踩死牠，要愛護動物，牠長大以後會變成美麗的蝴蝶呢！」

當下我點頭微笑，表示同意和讚賞。兒子在不經意間表現出對小生命的尊重，讓我更肯定生命教育在孩子們身上會產生深刻的影響力。

懂得生活和愛惜生命的人，總是能生活在快樂中。

陪伴筆記

週末假期時，帶孩子到山上或海邊，或是家附近的公園，走一走，和孩子一起觀察季節的變化與植物之間的關聯性；像是春天到了，去看櫻花；或是秋天來了，一起去撿楓葉，儘量抽空和孩子共同創造一些美好的記憶。

把和孩子出遊的照片貼在這裡吧！

9 找快樂的能力

週末傍晚，我在台北車站搭捷運，遇見一位年輕婦女領著一個年約七、八歲的小男孩上車。男孩笑容滿面坐定後，迫不及待地跟媽媽分享他今天有趣的事。

男孩的媽媽心不在焉地聽了一會兒後，嚴肅的說：「回家後要趕快練琴，晚上鋼琴老師要來上課。」

男孩小聲說：「可是我今天想看電視《小丸子》續集。」

媽媽提高嗓門說：「你都玩了一整天，還想看電視？」

男孩極力爭取：「我剛剛學游泳，下午還學了滑板！」媽媽「糾正」他說：「學游泳、溜滑板都等於在玩。你必須抓緊時間多練琴，馬上要十級檢定了！」

男孩悻悻的沒再說話，失落的看著窗外，媽媽繼續絮叨地說著學琴的好處。

我想小男孩當下一定很不開心，根本什麼都聽不進去吧！看著這熟悉的一幕，我想起在經營學校時，每每在晨光中看到學生充滿朝氣的走進校門，露出開心的笑容。到了下午放學，許多學生拖著沉重的步伐，很不情願地跟隨爸媽或安親老師去補習班。或許從父母立場會認為學習越多元，孩子將來才越有前途；但以孩子的角度來看，這是他要的嗎？孩子這樣快樂嗎？

孩子的童年僅有一次，讓孩子健康快樂的成長很重要，這裡提供幾個策略給大家參考：

安排玩樂的時間：兒童心理學中，一直強調「玩」是小朋友發展、學習的關鍵。孩子在玩的過程中，可盡情發揮想像力，透過玩遊戲來逐漸發展自我、解決問題及建立各種能力。遊戲輸贏更能讓孩子體驗得與失，是相當好的學習機會，可幫助孩子的生理、心理、思考、人際關係及情緒控制等全面發展。

懂得愛人與助人：快樂的孩子要能感受到自己與別人有某些有意義的連結，瞭解到自己對別人的重要。要發展這種感覺，家長可和孩子一起整理家中用不到的玩具與文具，然後帶著他一起將這些物品捐給慈善團體，幫助貧苦的孩子，並積極鼓勵孩子參與學校的義工活動。專家指出，即使是很小的孩子，都能從助人的過程中獲得快樂，並且養成喜歡助人的習慣。

鼓勵孩子多運動：運動可鍛鍊孩子的體能、增加肺活量，更能讓他變得開朗、充滿活力、反應機敏，建議爸媽盡量抽出時間陪伴孩子騎腳踏車、玩球、游泳等。保持動態生活，可紓解孩子的壓力與情緒，並能讓孩子擁有良好的體態，產生自信也喜歡自己，從運動中發現樂趣與成就感。

增加孩子的見聞與觀察力：安排一趟全家旅遊，不但能專心享受親子時光，也能讓孩子探究不同的事物，發展多元興趣。比如，拿一張紙，讓孩子畫出他看到的人；或去參觀美術館，讓孩子在沒有壓力、隨興中培養欣賞美的事物；或到花園，引導孩子找出三種不同的花，並且讓孩子說出它們的不同；偶爾不要催孩子快快洗手，讓孩子說說看水流過手的感覺；讓孩子感覺生活中很多事物都好有趣，「會過日子」是一門快樂的藝術。

心態陽光就能擁有抗挫力：生活中不可避免會有挫折和失望，要讓孩子擁有承受的能力。以我的教學和養育經驗看來，不論何時，都不能在第一時間就完全滿足孩子的所有願望和請求。所以，家長們要有意識的讓孩子接受「不如意的現實」的訓練，讓他明白，在生活中不可能事事都順心如意，當現實不能滿足你的欲望時，就要學著接受現實，把自己的情緒調節好，轉移注意力，讓自己重新快樂起來。只有具備足夠的心理承擔力，才能有力度去面對將來生活中的挫折。

培養多元愛好，轉換注意力：當孩子碰到這件事不能做時，沒關係，還可以做或玩另一樣遊戲。家長可教孩子將自己能玩的、喜歡玩的事情，按照最喜歡、第二喜歡、第三喜歡的順序編寫並記錄下來，列一張表格貼在書桌。今天雖然很想玩電動遊戲，但是要照顧眼睛，所以不能天天玩；當今天不能玩電動遊戲時，就玩第二條、第三條……。列表的同時，孩子就會發現原來自己擁有這麼多可以玩的事情，有什麼理由不讓自己快樂起來呢！

大人想訓練孩子的抗壓力，應該讓他從小就懂得去尋找快樂的來源，才能開心健康的成長。

陪伴筆記

觀察孩子做哪些事情的時候顯得特別快樂？比如，他拼了樂高積木一整個下午，過程中都很專注且很有耐心的一直想完成它。然後在這些方面鼓勵他。

10

心理健康比成績更重要

前陣子我到一所小學訪視，遇到一位憂心忡忡，滿面愁容的爸爸，焦慮地在校長室和輔導室的幾位行政主管交換意見，談話內容是如何幫助他「不想上學又生活無助的女兒」。因為是雙薪家庭，他和妻子無法多陪伴孩子，話語中很多無奈。

其實，是否為雙薪家庭不是重點，孩子成長過程中有各式各樣的因素會影響他不想上學，例如有些孩子怕考試，因為考不好會被爸媽罵，或怕被老師罵，或是和同儕相處有壓力；有些人一上學就莫名其妙的肚子痛、頭暈、頭痛，但卻查不出原因，只得回家休息；有些人喜歡翹課去娛樂場所，因為那邊的同伴更具吸引力。

我們經常關心孩子飛得高不高，但別忘了要關心他飛得累不累，在他墜落前早一步拉住他，這是最值得父母關切的問題。很多人認為，現在的年輕世代物質不虞匱乏，但鑽牛角尖者因為失去信念和理想，甚至選擇放棄自己的生命。很多專家學者都一致認為，年輕孩子的心理健康，已經成為本世紀最大規模的心理危機。

父母在教養當中，最應關注的是孩子的心理健康，並依孩子的生長發育期搭配有效的教育策略；同時和學校老師密切溝通，協同合作，就能形成教育合力，保障孩子的身心健康。這比關心孩子長得好看、穿得體面，甚至是聰明才智、學習成績、才藝培養等更重要。

控制和覺察情緒

首先，爸媽要對自己的情緒健康有覺察，也就是要控制好自己情緒。在生活中，父母也會有很多不如意，例如職場的競爭激烈、工作壓力、生活瑣事……讓人忙得焦頭爛額。父母若在外面都表現正能量的一面，但回家後就恣意發洩負能量，很容易在孩子心裡留下陰影。

父母的情緒會直接感染給孩子，即使父母從不直接批判孩子，但見爸媽終日悶悶不樂，孩子也不會快樂。所以父母在孩子面前應該是溫和、樂觀、快樂的，即使受到挫折也適當表達情緒，孩子耳濡目染，就會形成溫暖的性格和健康向上的心理。

傾聽與溝通，表達關愛與支持

接下來，爸媽要學會傾聽與溫暖溝通，瞭解孩子的需求。很多爸媽將孩子全權交給長輩帶，或將孩子送到各種才藝補習班，親子之間太少談心，導致孩子很多心理問題無人可解。要避免這種現象，只能請爸媽在陪伴孩子時專心聆聽，加強和孩子的溝通，即時掌握他們的心理變化以及學習與生活情況，讓孩子獲得滿足感和重視感，身心才能朝良性循環方向發展。

一個經常被肯定、被接納的孩子，才會肯定和接納自己；一個感受到被愛的孩子，才會更愛自己。父母要經常對孩子強調，對他們是無條件的愛與支持，而不是因為成績、名次、成就亮眼才愛他們。

爸媽也不要把孩子的時間填滿各式各樣的才藝課或補習，要讓他們有自由時間與充分睡眠，選擇參加真正有興趣的活動，而不是為了獎狀與學習歷程紀錄，而選擇有利升學的課程。當孩子在學習上擁有自主權，選擇的是自己好奇且有興趣的內容，才會主動投入研究。大人支持孩子的內在動機與自主權、外在動機等心理需求，會讓他們更自律更擁有幸福感。

寬容和耐心等待

每個孩子都是不同的個體，生長發育的進度不盡相同，有的孩子思維敏捷，乖巧懂事，記憶力超好；有的孩子思維遲鈍，頑皮好動，記憶力不佳；建議爸媽都要抱持寬容的心態，耐心等待孩子慢慢成長。就像我家四個孩子，成長和開發度皆不同，尤其小女兒，總是趕不上哥哥姐姐的優秀，甚至沉重的壓力讓她經常緊張得喘不過氣；身為母親的我，敏感的提醒我自己：不要對她要求太高，依她的身心發展，耐心陪伴和引導。最後，她走出自己的特質和興趣發展，現在擔任高職的專輔老師，陪伴和幫助需要的青年孩子。

有人說教育孩子好像「牽著蝸牛去散步」，但我相信，每一朵花都有各自開花的時間，只不過或早或晚。父母過分比較、期望過高，都會對孩子的心理形成負擔，不利於孩子的健康成長。心理健康的孩子，能夠用語言或其他多元方式來表達自己的感受，這項本領是每個人都需要學習的；不能正常表達就會影響人際關係，或干擾生活節奏。善於表達的孩子較容易與老師、同學關係良好，更能體驗到愉快和幸福；不善於表達的孩子可能會缺乏朋友，在人際交往方面體驗到挫敗和壓力。所以我們要激勵孩子練習表達自己，增進人際關係，學習有效溝通和團隊合作，提升心理健康品質。

陪伴筆記

在經營學校時，我會安排全校各班級孩子到校長室聽故事。主要是想藉著和孩子的互動，瞭解他們最開心的是什麼？最焦慮的又是什麼？整個校長室的氣氛總是非常安全又熱絡，小朋友毫無禁忌的開心暢所欲言；我分享他們的快樂，也安撫他們所擔心的未來。

從今天開始練習和孩子互相分享情緒。像是吃晚餐時（或睡前）問問孩子今天最開心和最不開心的事，同時也把你自己今天最開心和最不開心的事告訴孩子。但請記得，不開心不是謾罵別人（比如罵老闆）而是說自己的事與心情，像是今天被老闆罵了，因為我沒做好某件事……。

11 協助孩子學會做決定

放假日，兒子對著孫子說：「我們一起來打掃家裡吧！你要掃庭院，還是整理你的書房。」

小三的大孫毫不猶豫地回應：「我要整理和打掃我的書房。」

接著孫子展開大清掃。我在客廳不時聽到書桌移動和收拾東西的響聲。突然響起東西碎裂的聲音，我和兒子、媳婦三人趕緊走到書房去查看怎麼回事。只見孫兒縮蹲在牆角，驚嚇地望著碎了一地的大花瓶——那個清朝古董花瓶是兒子的最愛，價值不菲。

媳婦擔憂的向前抱住孫子查看，急切的問：「你有受傷嗎？」孫子含淚猛搖頭。我心想：「他應該很怕被懲罰吧！或許會想，早知道選擇掃庭院就不會打破花瓶了。」

幸好兒子也走上前，並蹲下來安撫他說：「沒關係，爸爸知道你是不小心的。」

孫子立刻破涕而笑，擦著眼淚說：「爸爸，對不起！以後我會更小心。」

我非常肯定他們的教養態度，失誤不予打罵，還付出高度關懷。如果兒子和媳婦心疼花很多錢買來的花瓶被打碎了，用高分貝厲聲譴責孩子，我想下次孫子就會任由爸媽分派任務以避開風險，這樣即使犯錯也可以說：「是爸媽叫我去的！」

在生活中有許多可讓孩子練習做決定的時刻，例如早餐有鮮奶、吐司、饅頭、草莓醬、巧克力醬等，不妨問孩子要如何搭配，你會發現孩子的花樣不少：有的孩子把草莓醬放在盤子，巧克力抹在吐司上；有的兩種醬都抹上去，有的兩種都放在盤子，還不能互相沾染到。

教育孩子不能嫌麻煩，就是從這些瑣碎的生活小事訓練起，讓孩子練習下決定。這樣除了培養他的抉擇能力，還有重要的象徵意義——用實際行動表明尊重他。大人並沒有因為他是小孩子就擅自替他做決定，孩子在耳濡目染下也學會尊重別人的意見。家長千萬不要過度插手孩子的事，剝奪他的選擇權，不要以為自己安排的必定是通向成功的路。處理小事的經驗多了，等於打下基礎，未來才能處理更複雜更難的情形。

讓孩子做選擇時，選項不可過多，以免孩子選不出來。例如年齡稍微小一點的孩子，可以讓他選當天要讀哪一本睡前故事，爸媽可以設定是三選二或二選一；分派家事時讓孩子選擇要擺碗筷或是擦桌子。隨著孩子年齡漸長，逐漸增加選擇的數量和選擇事情的複雜程度。

包容孩子的不理想決定

孩子在學習做出好決定的過程中，爸媽要允許他們做出錯的決定，讓孩子親身體驗不好的決定帶來的後果，這是孩子學習做決定的過程中一個很重要的環節。爸媽千萬不要看到孩子判斷不對時，就阻止不讓他選，只有讓孩子親身嘗到後果，他才會真正瞭解並意識到要承擔的責任。

切記要保持一致性，不要心情好的時候讓他選，下次沒耐心時又不讓他選，這樣會讓孩子感到很困惑，不利於習慣的養成。

建立優質情緒智慧

良好的決策力，取決於於良好的情緒智慧。當然孩子本身「感覺如何」及「想要什麼」，都是做決定時的考量要素。假設孩子看了恐怖片感到害怕，你雖然可以告訴他那只是電影情節，但孩子的恐懼情緒是真的，而且這種恐懼情緒將會幫助他們恢復過來，日後敢繼續看恐怖片。假如孩子覺得困惑而生氣，你可以協助他們消化痛苦的心情，練習「退一步海闊天空」，而不是直接採取行動報復或抗拒。孩子應該練習覺察情緒，問自己：「怎樣做才適合我？」

著名的管理學家彼得．杜拉克說：「這個世紀最重要的事情不是技術或網絡的革新，而是人類生存狀況的重大改變。在這個世紀裡，人將擁有更多的選擇，他們必須積極管理自己。」進入社會後，孩子必須決定學工還是學商、要走哪一行、要創業還是加入公司……，每一天面臨的都是選擇，因此孩子從小就需要培養獨立性、責任感、選擇能力和判斷力。如果孩子長大了還是只會背誦知識，聽話被動，等著別人幫他做決定，那他進入社會就算不被欺負，也不會被重視。

陪伴筆記

日常生活中就有很多讓孩子練習做決定的機會，像是星期六要看哪一部電影？或是星期天要去逛街還是爬山？先請孩子選擇（決定），然後問他為什麼選A或B；讓他練習做決定，同時練習思考為什麼。

12

良好人際關係的祕訣

有天我去接兩個孫子放學，發現念小三的大孫子悶悶不樂。我試著問：「你和同學吵架了嗎？」

他頻頻搖頭。

我又問：「考試沒考好嗎？」

他仍搖頭。

回到家，大孫突然嚎啕大哭，讀中班的小孫子替他說出原因：「阿婆，是同學不跟哥哥玩，他很傷心啦！」哦！原來大孫的人際關係發生了問題。

孩子上學不快樂，家中大人都相當重視。我和兒子、媳婦密切探討後，決定展開協助孫子「人際社交」的輔導。為了瞭解大孫和同學相處的情形，媳婦主動陪孩子參加假日班遊，觀察孩子在班級活動中和同學間的相處情形。果真發現大孫太「以自我為中心」，拿到新奇玩具就獨享把玩，不會考慮到其他人也在等著玩。難怪同學不喜歡他，人緣不好。

接下來全家人集思廣益，規劃了以下幾項策略：

教導手足互動技巧

家庭是孩子第一個社交場合，孩子從小可透過與手足間的互動，慢慢建立社交能力。「手足衝突」就是最好的機會教育，因為手足爭吵可幫助孩子早期在家中學會情緒管理。但是，我們常聽到的教導是大的要讓小的，我認為孩子在心智尚未成熟時，爸媽應以公平公正的態度，一視同仁對待家中的每個孩子。通常手足之間爭吵多為搶奪玩具、爭寵等，爸媽應找出問題所在，採用公平原則，教育孩子好好吵架是必要的，但彼此冷靜後，也要學著解決問題。

培養孩子學習聆聽

聆聽是讓自己擁有好人緣的首要步驟。大家都希望別人聽我們說話，所以我們也要能夠聽別人說話。「認真聆聽」是需要學習的技能，而且要抓住重點不斷的練習，專注聽對方的表達，並適時給予回應。

當我們很專注聆聽時，別人會更容易把想說的話說出來；相對的，別人也會同樣願意聆聽我們說話，如此才能建立並穩固彼此的好關係。例如當家長觀察到孩子跟同儕聚會，只管自己占有、把玩新奇玩具，就要告訴孩子，如果換作是他孤坐一旁殷殷期待時，他是什麼感受？爸媽可協助孩子練習用低調的語氣問：「可不可以換我玩一下？」讓孩子體驗並準備好如果當場被別人拒絕，或事情發展不如預期時，可以如何反應，並從中學到重要的社交技巧。

這種練習會讓孩子在發生類似情況時，學到如何積極的處理，同時同理他人的感受。引導孩子練習使用不同的語調及聲音，並配合適當的肢體語言表達，之後再跟孩子討論他解決問題方法的利弊得失。

經常練習社交禮儀

當孩子有機會參加朋友的生日會或親戚婚禮，爸媽都要先告訴他有誰會出席，如何打點服裝儀容，以及可能發生的狀況，加強他的基本禮儀。例如孩子可能需要被告知：他是參加團體活動，生日派對應該讓壽星決定何時打開禮物，等輪到自己時再做該做的事。如果事前父母提供孩子足夠的心理建設，進而對他抱持信任的態度，那麼他也會很期待參加團體活動，而不會因過度興奮或處於新環境而焦慮，以致表現出不適當的舉止。

孩子的年紀愈小，家長愈容易教導如何讓別人接納他。等孩子到了國中的青春期，除非你很努力和他們保持和諧的關係，否則他們不會輕易接受你的意見。如果孩子在公眾場合挖鼻孔或擠青春痘，甚至當眾用手搔私處，爸媽要技巧性的提醒，千萬不要用羞辱的方式斥責。永遠要讓孩子知道，你很開心他願意接受你的建議。

想訓練孩子與人和諧相處，絕非一朝一夕可達成。人際關係是需要磨合與學習的，社交能力是進入社會所必備的。爸媽可透過以上幾個策略，在不同場合中不斷地讓孩子演練，給予正向回饋，逐漸養成孩子具備圓熟的人際相處能力。

陪伴筆記

你瞭解自己孩子在學校的人際關係嗎？試著將你的觀察寫下來，像是他有幾個好朋友？下課時都自己一個人還是會和同學一起玩？

然後請問孩子你的觀察對嗎？

如果他下課都是一個人，再進一步問他為什麼？是他不想和別人一起玩，還是別人不想跟他一起玩？

耐心多和孩子聊一聊，並想辦法解決他所碰到的問題。

13

自我保護力，練習「叫、跑、說」安全技能

前陣子我們都被校園安全事件給嚇壞了，在台南善化一名二十多歲身心障礙女子，躲在公辦民營的某幼兒園廁所內，持美工刀割傷一名四歲女童被逮。交保後，第二天她又到新市區某國小以同樣手法割傷一名七歲男童。眼看沒有反抗能力的孩子們就這麼無辜受傷，成了歹徒輕易下手的目標，讓人膽顫心驚，他們全都是爸媽的心肝寶貝啊！

孩子們即使待在我們認為安全的校園裡，都會遇到入侵的歹徒，那放學離開校園後的孩子們更要注意返家的安全。很多父母變得如驚弓之鳥，不願讓孩

子離開身邊，不允許孩子和陌生人說話。與其這樣過度保護，不如教育孩子的安全概念，增強自我保護意識，提高孩子的自我應變能力。

在學校及家中，我經常運作一些策略來提醒孩子：

校園情境狀況題

首先模擬情境問題跟孩子討論，萬一在校園死角或廁所碰到怪怪的陌生人時，切記保持冷靜，運用智慧，機警的和陌生人斡旋，找救兵或適時逃跑，當下以保住生命為重點，再想辦法告知同學及老師，直到警衛和警方人員到場處理為止。如果上課時非上廁所不可，也須結伴同行，以防萬一。

避免太早到學校，也不可太晚離開學校，在上下學時盡量結伴同行。如果是家長接送，也要叮嚀孩子過馬路時要注意左右來車，並且配合學校警衛或導護志工的協助，以維護行的安全。

如果遇到陌生人問路或急難求助時，要技巧的婉拒陌生人搭訕，可請旁邊的大人幫忙，或就近尋求商店協助，避免與陌生人直接接觸或單獨相處。路上警覺有陌生人跟蹤時，要立刻走進鄰近店家跟大人說，並且等到家人來接或確認安全時才能離開。

交友談心有分寸

如果孩子去和朋友聚會，家長要和孩子約定好回家的時間，同時問清楚孩子聚會的地點、有哪些朋友，朋友家中是否有其他大人等等；並且交代孩子，如果無法準時回家，一定要先通知家人。現在手機、通訊軟體都很方便，要掌控這些並不是難事。同時，提醒孩子不可接受不認識朋友的飲料，特別是非包裝的飲品，聚會中途離開位子，回來時要再次確認飲品安全。

從小就要教孩子保護自己的身體，不可讓別人隨意碰觸，即使是親近的熟人或鄰居，特別是隱私的地方，包括胸部、生殖器、屁股等。我更建議家長每天要留時間和孩子聊天談心，瞭解孩子的交友狀況。在談話的過程中，儘量不要打斷孩子說話，讓他們暢所欲言，這樣往往可以從輕鬆的聊天中，發現孩子是否有壓力，更能及早發現他的生活圈是否安全。

掌握基本應變能力

我經常在日常生活中設計一些情境，來培養孩子靈活機智的應變能力。例如和孩子一起逛超市、逛動物園時，我偶爾會和孩子玩「失蹤遊戲」，叫他說一說如果大人不見了，要怎樣處理，然後對孩子提出的方法做指導。

首先，孩子必須要鎮定，要找對求助的人，最後提醒他記住「叫、跑、說」的安全技能——高聲叫：「失火了！」或對著壞人後方喊「爸爸，你來了！」再轉身逃向人多的地方或最近的店家，告訴大人發生了什麼事。經常模擬問題情境，引導孩子想出各種自救方法，孩子自然就能掌握基本的應變能力，當他面對突發事件就能鎮定且理性，具有自我保護的能力。

貼心叮嚀

為防止孩子迷路時不知所措，日常就要和孩子多講述關於迷路的自救法：

①**要保持冷靜**：孩子和父母走失了一定很害怕，要防患未然的告訴孩子，萬一他走失了，爸媽會找到他，所以他一定要保持冷靜。不論有多害怕，他也不能到處亂走，要站在顯眼的地方讓父母容易找到他。

②**教孩子記住父母名字、電話和家的住址**：這樣孩子找到求助對象時，才能準確地報出實用資訊。父母可利用日常回家途中教導孩子街道和建築的名稱，也可利用遊戲，不斷重複地詢問孩子相關資訊。

③**尋找安全支援**：很多父母教孩子迷路了要找警察，但如果在大型超市、百貨公司、展覽會，甚至遊樂場走失了，孩子上哪兒去找警察？所以應該教孩子去找店員、服務員等穿著明顯工作服的人，請他們代為打電話給父母或報警。

④**不要和陌生人走**：家長特別要教孩子，在迷路時不要輕易和陌生人離開，尤其是沒有穿制服的人，或是佯裝為親友之人。迷路哭泣的孩子很容易被

歹徒當成目標，告知孩子不要和任何說要提供幫助的人離開，特別他也是單獨的一個人。

以上四點叮嚀能讓孩子知道如何順利的回到父母身邊，在陌生人面前保護自家人隱私，以及人身受到威脅時該如何求救等應變能力。

陪伴筆記

和孩子一起討論，去遊樂園時，如果和大人走散了，可以怎麼做？先讓孩子想一想，聽完他的方法，稱讚他；再補充你想要教給他的方法。

以下幾個問題，親子也可一起討論看看，有陌生人向你問路或借錢時，該怎麼做？搭錯公車的時候，該怎麼辦？忘了帶手機，放學後在校門口等不到爸爸媽媽的時候，該怎麼辦？

14

培養孩子的耐挫力

有一個遠親的孩子阿成從美國回台灣過年，他溫文儒雅，意氣風發，來寒舍拜訪我，同時和我分享科技工作領域的鮮事和趣聞，讓我大開眼界。

我是阿成念國小高年級時的導師，回憶他小時候，家境清寒，但他總是樂觀的逆來順受而且熱心助人。尤其他不畏苦，當時他們班負責垃圾場的焚燒與整潔，同班同學都不敢撿垃圾場的廢紙，唯獨他擁有耐挫力，獨挑大樑完成班級任務，至今仍讓我印象深刻。阿成告訴我，他的專業、熱情和超前創意被看見，公司拔擢他為處長。我對他的表現引以為榮。

阿成的歸來讓我想到人生就像是一場馬拉松，我們不追求贏在起跑點，但希望孩子能「持之以恆願意往前跑」，這樣最後才能像阿成這樣有機會登上人生的高峰。

「耐挫力」主要包含挫折容忍力和超挫力。

容忍力就是忍受挫折、不肯退縮的一種心理力。超挫力就是克服挫折、積極向前進取的一種心理。嚴謹的說，容忍力是消極的，當忍則忍，而不是一味地容忍。而超挫力是積極的，也就是說，當人遭受挫折後，不只是容忍，還要勇敢面對困境，保持信心，化消極為積極，挑戰困境，解決問題。

每個孩子天生氣質不同，特長、缺點也都不相同，對生命中的耐挫力也大不相同。爸媽要孩子ＩＱ高又要ＥＱ高，但愈挫愈勇的內在生命力，更是我們應該要思考的方向，讓我們一起來引導孩子培養面對挫折的正向能量。

教孩子學習面對失敗

首先要讓孩子意識到，每個人在生活中都會遇到困難，挫折是非常正常的事。當失敗來臨時，如果孩子缺乏耐挫力就會表現出一些行為——輸不起，個性好強，選擇逃避。只要在某件事情上遭受挫折，對於這件事情的興趣就會大大下降，下次再也不碰，甚至發脾氣，大喊大叫、跺腳，把東西扔得滿地。

一般孩子什麼都要「贏」，無法接受「輸」，因此情緒經常起起落落，重點不是輸或贏，而是在過程中孩子有沒有學習到新方法的能力，有沒有看見新的路徑或解決策略。因此爸媽的引導要放對地方，不要在意最後結果，要在乎的是過程中的引導與孩子本身的學習。

爸媽可利用共閱繪本，讓孩子學會不放棄，幫助孩子培養耐心，持之以恆。比如《不要半途而廢，堅持做》、《加油，不放棄》、《輸了也沒關係》，以說故事的方式教孩子學習接納挫折和自己的情緒。透過故事主角的經驗，讓孩子瞭解輸贏是很平常的事，沒有人會永遠成功，失敗了也沒什麼大不了，重要的是在過程中所學習到的經驗。

給孩子自信和正確的價值觀

一般而言，容易產生挫折感的孩子往往對自己缺乏自信心，任何橫逆來到跟前，便先懷有恐懼，甚至抱著逃避的心理。在這個心態下，成功的機率自然大為降低，挫敗受傷的陰影會馬上降臨；更糟的是，失敗的經驗累積多了，久而久之便習以為常，孩子就不再對成功抱以期待，甚至消極悲觀，自甘墮落。因此，應設法增強孩子的自信心，讓孩子肯定自我存在的價值。

如何增強孩子的自信心呢？我建議讓孩子適性發展。換言之，每個人都具有語文、數學、空間、肢體、藝術、人際、內省等各種智慧，親師若能依據每個孩子不同的智慧加以適當的引導，孩子的學習將會變得自動自發，同時也才能對自己產生自信心。

現在是多元開放的社會，行行都可以出狀元，像是打遊戲也能變成國際電玩高手；因此要發掘孩子天賦與興趣所在，不論是藝術天分高或肢體運動強，都和語文、數學成績優秀一樣，都是上天賜給我們的寶物。爸媽若能依據孩子的優勢智慧加以引導，進而補強其弱勢智慧，就能建立孩子的自信心，並培養出正確的價值觀。

發掘興趣，建立孩子的安全感和勇氣

在求學階段，有不少家長習慣採用填鴨式的教育，以強制灌輸或靠硬背的方式讓孩子學習，但我的教學經驗發現，這麼做不但無法讓孩子將知識長期保存於腦海內，還可能導致孩子在學習時受挫折。若換個方式，以興趣做為學習的導向，相信孩子在求學過程中會很開心，求知的動機也會相對提高，興趣與學習結合，是培養孩子耐挫力的好方法。

有的孩子依賴感重，隨時需要大人幫忙，因為他們的自信心不足，覺得需要有大人在旁才會成功。這時爸媽陪伴的重點是先確認孩子的解決能力，父母可將自己解決問題的策略說出來並讓孩子聽到，也就是「放聲思考」；接著將步驟拆解，鼓勵孩子逐步自己嘗試看看，讓孩子發現原來自己是可以做到的，這樣安全感和勇氣自然湧出。

適當的挑戰，以鼓勵取代責備

放手讓孩子做，比如讓孩子接聽家中電話、到警衛室領包裹、整理客廳等，爸媽只要一旁觀察並在適當時候給予鼓勵或協助即可，讓孩子不僅可從錯誤中獲得成長，也讓孩子相信自己能力。

家長的指責與否定，往往是造成孩子耐挫力的關鍵因素，試著用鼓勵或換個角度來教導，同時詳細瞭解孩子的挫折點；例如孩子帶回一張只有五十七分的數學考卷，父母往往一看到分數就開罵，應該先問孩子為何考不好，也許全班的平均成績只有五十分，而他已經高於平均標準了。這樣一來既能幫助孩子開心成長，同時也能維持良好的親子關係。

陪伴筆記

試著列出孩子除了成績之外的三項（或更多）長處，像是運動神經很好、很會畫圖、很會打掃……等等。寫好之後，拿給孩子看。

這麼做可以幫助孩子建立他的自信心，也可以讓你看見孩子更多的優點，協助他發展成為更優秀的人。

Part 2

品格教養篇

陪著孩子、依孩子的特性，一起去認識與體驗這個世界。引導孩子去愛人、給予、體諒他人，養成孩子的好品格與融入團體生活與社會化的能力。

15

負面情緒OUT，教出孩子的好情緒

前不久，我回母校處理小五音樂班的孩子爭吵事件，事情經過是：班長要張同學在聆聽音樂時不能寫功課，想把張同學桌上的作業本拿走，但張同學本能的伸手壓住作業本，兩人手疊手！張同學認為班長在眾目睽睽之下打他，有被羞辱的感受，回家後告知父母，沒想到卻演變成雙方家長互告，對簿公堂。

張同學的家長說孩子回家後，拿起剪刀直接把前額的頭髮剪禿一片。這明確可看出張同學不懂得排解負面情緒，即使他的學業很優秀，但當ＥＱ趕不上ＩＱ時，還是讓乖孩子變了調，導致孩子必須看心理醫師的負擔。天下父母心，孩子出了問題，最傷腦筋的莫過於父母，因此我們更應深度思考怎樣教導孩子情緒管理。

不隨孩子的情緒起舞

心理學博士許皓宜提出，孩子情緒的養成約在十二歲定型。從小被父母捧在手掌心上長大的孩子較容易有情緒上的障礙，因為家長的反應會直接影響孩子對挫折的容忍度，像是當孩子偶爾跌倒或擦傷，爸媽卻表現出過分心疼的樣子。尤其小學階段，孩子面對學校課業、同學壓力，並開始學習與人相處，他們很在意成績，希望被人注意，所以得失心也會比較重。許皓宜博士建議，教養孩子情緒最重要的原則就是：「面對小孩的暴怒，家長要表現淡定。」這樣一方面可以穩定家長的情緒，另一方面不會讓小孩認為吵鬧就有糖吃，否則孩子認為鬧一鬧就能得到想要的東西，會增加生氣的強度與頻率。

理性控制表達情緒

怎樣教出孩子的好情緒呢，請試試以下幾種方法：

首先，鼓勵孩子自我認同，學習認識情緒、表達情緒：父母是孩子最好的典範，父母要先學會管理情緒，勿讓不良情緒影響家庭，塑造出家中安全、溫馨、平和的心理情境。同時用欣賞的眼光鼓勵孩子，讓他能自我認同，獲得安全感。如此孩子就能自由開放的感受和表達自己的情緒。

有一天我去接孫子放學，看他臉臭臭的，我就問他：「你表情怪怪的，能告訴我發生什麼事嗎？」

沒想到，他忽然嚎啕大哭了起來，邊哭邊說，分組做實驗，同學阿強不肯跟他同組，所以他很傷心。我再問他，「為什麼阿強不想跟你一起做實驗呢？」

他說：「前幾天，阿強要跟我借《世界偉人傳》，那是爸爸剛買給我的新故事書，我怕阿強弄破，捨不得借給他。」

原來如此。我安慰他說：「我知道你很珍惜爸爸送的禮物，但是能跟朋友分享，更顯得禮物的價值。爸爸知道的話，會很開心，你的朋友會更開心喔！」孫子點點頭，似乎理解了「有捨有得」之道。

從對話中引導孩子表達情緒，以及發現情緒產生的原因，有利於提高情緒敏感度，進而管理。

學會樂觀面對問題：以上述的例子來說，孫子遇到同學不願意和他同組做實驗的問題時，經過我們的提醒，讓他靜下來省思，體驗和洞察同學的情緒，是因為他只顧著要保護自己的故事書，不願意借給同學，而讓同學失望，所以同學才不願意和他同組做實驗。讓孩子用同理心去感受別人的情緒，知道自己和他人的需要。

從他人的情緒反應中，孩子會逐漸領悟到正面情緒能讓自己和對方快樂，負面情緒會讓自己和對方痛苦，不利於事情的解決。更重要的是，要讓孩子學會保持樂觀的生活態度與情緒。

父母只要多與孩子聊天，就能巧妙的協助孩子克服一些困境，只有這樣，才能教會孩子以正確的態度和策略，樂觀面對問題，解決問題。

最後，要教會孩子以合宜的方式紓解情緒：人在精神壓抑的時候，如果不尋找適當機會宣洩情緒，會導致身心異常。像是學校在小朋友要升上中高年級時，都會重新編班，希望讓孩子認識更多同學，共好共學。

我家孫子碰到即將來臨的分班，每天睡不著，開始焦慮擔心，他擔心會和好朋友分開，下課就不能一起玩了。我發現了他情緒不穩，不時發飆憤怒，和弟弟莫名其妙的大吵大鬧。於是我帶他到公園散步，等他心情穩定了，他才娓娓道來心裡的壓力。我用正向的策略引導他：「分班可以認識更多同學，增加好多朋友，而下課也可以找原來好朋友玩，順便介紹新朋友給他，兩全其美，不是更棒！」此時孩子才破涕為笑。

在憤怒的時候，適當的宣洩是必要的。不一定要大發脾氣，可採用其他比較好的情緒管理方法，例如在盛怒時，不妨趕快離開現場，在空曠地方大聲喊叫或痛哭一場、或找好朋友訴苦、或逛逛街、聽音樂、散步，或逼自己做別的事情以免老想起不愉快，這樣就能把因盛怒激發出來的負能量釋放出來。專家研究指出：「人生的成就只有20%歸諸於IQ，80%則受其他因素的影響。」而其他因素包含自我瞭解的能力、溝通能力、處理情緒的能力與逆轉勝能力等，也就是情緒智商（EQ）。情緒智商是目前我們要好好培養孩子最重要的關鍵能力，您我責無旁貸，大家一起努力吧！

陪伴筆記

記錄幾天孩子的情緒反應，並觀察他為何會有這些情緒。然後試著與他溝通，問他的感受，引導他適宜地抒發情緒，像是運動、寫日記、和爸爸媽媽講述不開心的事等等，都可以發洩情緒。

16 輸了也沒關係

暑假中和小學一年級的孫子下棋，十局有九局他是贏家，他臉上堆滿了開心的笑容。但進行到最後一局時，他的棋子幾乎被我的棋子團團被包圍，動彈不得，他眼中噙著淚水，嘟囔要上廁所，以逃避為上策。此時，我安慰小孫子：「偶爾輸一次沒關係。」沒想到他竟然嚎啕大哭起來，讓我非常錯愕。

我不禁想起在學校時，經常會聽到家長們抱怨：「我家小朋友『輸不起』，在遊戲中輸了，硬不認輸、發脾氣，甚至退出不再玩。」

許多孩子欠缺承受挫敗的容忍力，輸不起，沒想到這場面會在我家上演。基於教育立場，我想分享個人經驗，家長們可從以下幾點來訓練孩子的挫折容忍力：

過去和孩子一起玩遊戲時，我常刻意讓他們取勝，漸漸的，我發現孩子會認為贏是應該的，爸媽輸是理所當然，所以每次遊戲時孩子就期待自己會贏，如果輸了就大哭大鬧。因此，建議可依孩子年齡選擇適當的遊戲，讓孩子在玩樂中品嚐「輸」的滋味，這是讓孩子學習把身段放柔軟的重要歷程。

但在孩子輸了之後，父母可以這麼做，像是上述的下棋，當孩子輸了之後，等他發洩完情緒，再陪著他回過頭看看，為什麼他剛剛輸了。這樣就可讓孩子自然而然地知道，在輸掉的過程中，他學到了新的棋法，也能理解「原來輸了沒那麼可怕喔」。

家長可多跟孩子分享成功人物的故事，讓孩子從故事中學習，著眼點並非在於「成功結果」，而是他們在奮鬥過程中是抱持怎樣的精神去面對困難。愛廸生發明電燈泡的故事便是一個很好的例子，雖然愛廸生遇到無數次的實驗失敗，但他不氣餒，找出實驗失敗的原因，在解決困難的過程中提升能量，充分反映出不怕輸的精神。榜樣的力量是無窮的，可以培養孩子戰勝困難的信心，形成堅定的信念。

再來要培養孩子「正向思考和積極樂觀」。爸媽可以技巧性的告訴孩子，失敗挫折是「可以改變」或由「暫時性」的因素所導致，只要付出努力，找到對的策略，就可以讓事情有轉機。比如，二十年前，我以候用校長的身分，勇於接任科園國小創校校長之職。接著挑戰無數的困境——地上有高壓電塔的威脅、地底下有南北通連的油管線、瓦斯管線、水管線，以及校地空間不足等問題，當下我束手無策，無奈又苦惱，但為了社區莘莘學子，我馬上轉念：「這是我智慧成長的時刻，要欣然接受老天給我的使命。」有這正向積極的思維後，立即去找專業人士協助，運用對的策略，所有的困難在毅力堅持下，一一冰釋消融，成就了孩子每天期待上學的快樂學園。

所以當孩子提出積極樂觀的想法時，父母要給予正面的讚賞和適當的肯定，好讓他面對挫折時仍然抱有「成功」與「轉機」的希望，孩子擁有樂觀的心境，就容易激發他去思考改善方式，進而解決問題，發揮輸得起的精神。

更重要的是要建立「合理的目標」。有時孩子會說：「這次考試六十五分，下次要考九十五分。」孩子說話時充滿了豪氣，但是真正實行時，他會發現從六十五分往九十五分的階梯那麼漫長，小腦袋可能就會閃現：「好難哪！我一定做不到！」或「反正沒有達標又不會怎麼樣！」而想放棄。這時父母要適時鼓勵他，慢慢來，一次進步五分就好，先讓孩子產生「我可以做到的」自信感，再慢慢往更高分的目標前進。所以過高的目標是壓力，訂下「一點點努力」就能達到的分數，才是合理的目標。

最後是培養不怕輸的心理，當孩子挫敗或不如預期時，父母不宜挑剔孩子的缺失，更不可以把焦點放在成敗得失或斤斤計較分數、結果上，重點是我們要和孩子一起來看過程中努力付出的情形與挑戰的勇氣，讓孩子瞭解凡事盡力而為就可以了，並且跟他打氣：「這次失敗並不代表自己沒用，爸媽也不會因此而不疼愛你。」從中培養孩子不怕輸的心理。

陽光總在風雨後，每個人的一生都不會一帆風順，別擔心孩子遭遇挫折，挫折和壓力都是孩子成長過程中難得的營養補充劑；身為父母，就要培養孩子強韌的意志力及不怕輸的精神，能在陷入困境時改變想法，突破思考的盲點，看見曙光，讓他們未來有智慧、有勇氣活出精采的人生。

陪伴筆記

你或孩子最近有沒有為哪些事情煩惱或沮喪呢？把這些事情都寫下來，然後一起想想可以怎樣解決克服它。

17 孩子是父母的一面鏡子

假日帶著兩個孫子到國立臺灣圖書館，引導他們閱讀，享受祖孫情。當下我看到許多年輕爸媽在兒童閱覽區用心的為孩子們輕聲唸讀，孩子專注的傾聽，眼神認真的看繪本，溫馨的畫面很令我感動。傍晚走出圖書館，帶著孫兒到四號公園玩。兩個孫兒乖巧的排隊等待玩鞦韆，突然有個約五年級的小朋友插隊，搶先一步抓住鞦韆，原本已經要排到的小二生理直氣壯地上前理論；過程中，雙方都口出穢言，大朋友還推了小朋友一把，小二生跌坐地上嚎啕大哭，引來眾人的圍觀。

不久，雙方家長都到場，從兩對親子的互動中，謎底終於揭開：原來孩子是父母的一面鏡子，他們完全展現父母的言行舉止。小五生的爸爸奔跑過來時，口中還叼著菸，衣衫不整，聽完兒子的訴說，他毫不客氣地把剩餘的半根菸丟拋到地板上，大聲霸氣的對著小二生嚷叫：「讓哥哥先玩一下不可以嗎？」一會兒，哭啼孩子的媽媽也趕到了，她覺得自己兒子依照規矩排隊玩遊戲，是對方插隊，不對在先，孩子卻遭受對方爸爸的漫罵，於是上前和這對父子理論；雙方誰也不讓誰，聲量愈來愈大，引人側目。最後小五生的爸爸說：「兒子走！我帶你去百貨公司玩有趣的電動，不要理這小氣鬼！」說完揚長而去，留下一對委屈又納悶的母子。

我感慨萬千，圖書館內外的風景為什麼反差那麼大？

我在經營學校時，經常會辦理父母成長活動，和家長分享教養觀，將重點歸納在這裡供大家參考：

首先，我們應教孩子正向思考。改變孩子的思考模式，就能將不可能變成可能。孩子總會熱情的對自己說：「是的！我要！我願意！沒有關係！我再努力試試看！」身為父母能給孩子的最大資產，不是逼迫他考第一名，不是送他四處上課追求多才多藝，而是正向思考力，引發孩子的好奇心，培養孩子進行深度有效率的思考，並擁有解決問題的能力。

在經營東門國小時，有一個五年級的單親孩子A，媽媽離家，從小跟著賣檳榔又酗酒的爸爸過日子。有一天，級任老師上氣不接下氣的跑到校長室：「校長，怎麼辦？A拿椅子要攻擊我？」

我迅速奔去教室把A請來，問明原因狀況；原來教室鬧烘烘的討論旅行的分組，卻沒有人願意跟他同組，因為他不定時的情緒失控，同學害怕被暴力攻擊；他卻認為自己被同學孤立是老師指使的，於是就找老師出氣。

我理解這孩子的心境，他需要朋友，更需要被關懷。他無法選擇出生家庭，每天要面對醉醺醺的父親，不順眼則被罵或挨打，以至於他認為解決問題就是用暴力。我非常心疼這個孩子，知道他需要幫助，於是我和輔導主任展開系列協助輔導：孩子人高馬大，精力充沛，我們安排他參加籃球校隊訓練，讓體力自然消耗。每天定時跟他對話、說故事，給他溫暖正向思考的分享。後來他居然成了籃球校隊的明星球員，還會利用下課時間到低年級的教室說故事給學弟妹聽。我很欣慰他變成了一個凡事用心思考，不再以暴力解決問題的孩子。

孩子的這些思維養成都需要時間與耐心，也是孩子面對人生最重要的一堂課。

其次，讓孩子內心存有「三好」思維，就是：存好心，說好話，做好事。

我感受深刻的是《三好》歌詞中提到的「做好事，舉手之勞功德妙；說好話，慈悲愛語如冬陽；存好心，誠意善緣好運到，實踐三好最重要。」一個人說好話時，等於拿到打開成功之門的鑰匙，也就不會發生像上述爭吵的事件。做好事時，形同鋪平了通往成功的路徑。存好心時，就會同理別人的想法，樂於分享和幫助他人。

父母透過身教、言教、制教、境教，甚至於活動體驗的「動教」等五教來實踐，才能培養孩子成為身心健全，發展具備三好品德的好國民。有些爸媽會認為孩子還小，能力與心智都不足以自己做決定。事實上，在有行為能力後，孩子就是獨立的個體，爸媽應在合理範圍內給予孩子充分的自主權，讓他練習選擇，並且要他為選擇負責任，而不是大人事先幫他安排好一切。

如果家庭氣氛是開放的，爸媽和孩子自然會有平等的互動。父母要避免用命令式語氣，並應允許孩子表達意見。所謂適性引導，就是尊重每個孩子天生的個性，公平的對待每個孩子，接納孩子的個別差異。在這充滿負向衝擊及許多不利孩子成長的複雜環境，怎樣教出有正向能量的孩子，是教養上刻不容緩的事。一個擁有正向情緒，常保正向思考與發揮正向特質——自主、尊重又樂觀，同時又擁有三好品德修養的優質孩子，將是親師共同的期待。

陪伴筆記

孩子有哪些行為是你一直想糾正他，卻總是徒勞無功？然後觀察自己或另一半，在這些事情上是否有跟孩子一樣的行為？也許孩子是受了大人的影響，而大人卻不自知呢。

18 聚焦看優點，孩子才會有自信

大學開課了，我教國音學，對大學生來說，重溫十四年前小一新生第一課的ㄅㄆㄇ，會不會很無聊？我是老師，就必須讓課堂生動活潑。因此，我將理論趣味化、故事化，牽引學生的學習動機。果真做統整活動時，起初學生不敢開口，深恐念錯被訕笑，但當我稱讚：「哇！舌尖音唸得真好。」接下來的學生，舌尖後音（捲舌音）唸得更大聲更標準。學生個別亮點被發現後，就可啟動全面的學習動力。

當學生的優點被放大，亮點被看見以後，經過引導就能做有效學習，所以爸媽要及早發現孩子的內在天賦，找到亮點，才有起點。就像以鑰匙打開祕密花園的大門之後，才能看到門內盛開的百花。對孩子來說，亮點被發現會受到激勵，啟動他內心的學而不倦，這是爸媽智慧教養的責任。

欣賞孩子的亮點

在經營學校時，經常舉辦親職教育講座，其中有一場是盧蘇偉老師的「天生我才必有用」。盧老師在講座中提到，他八歲時感染了日本腦膜炎，傷到腦部以致認字困難。他母親自創了一套利用歌仔戲道具解釋字的辦法，終於在小學五年級時啟發了他，於是他學會了識字。他國中上啟智班，一共花了七年，考了五次才考上大學。他在大學二年級時參加智力測驗，成績只有七十分，記憶、理解方面的智力偏低，但有位教授卻利用國外的評量表，測出他在邏輯分析、創造思考能力很高分。從此他懂得運用自己擅長的亮點來學習，最後還拿到博士學位。這完全是因為盧蘇偉老師的父母懂得賞識他，讓他知道如何運用自己優勢的能力和別人競爭，這就是他日後成功的關鍵。

其實，孩子的天份、潛能是否能發揮，關鍵在於父母師長是否能懂得欣賞孩子的亮點。我相信絕對沒有笨小孩，只有不一樣聰明的小孩；也沒有學不會的小孩，只有學習策略不同的小孩。父母的態度決定孩子未來的高度，所以身為父母也要持續不間斷的學習，投資自己擁有教養智慧的能量。

熱情給孩子掌聲

藝術大師羅丹說過：「美，到處都有，對我們的眼睛而言，不是缺少美，而是缺少發現。」只要有心，自然和諧是美，沉靜安謐是美，澎湃浩瀚也是美。一張白紙上只要有個黑點，大家通常都會看到那個黑點；孩子若有90%的優點，10%的缺點，許多爸媽都會把焦點放在那10%的缺點上。請爸媽從今天開始，試著只看孩子的優點，你知道結果會如何嗎？分享我家孫子的故事：

大孫念新北市的一所雙語小學，每天睡覺前是媳婦和孫子最痛苦的時刻，因為要簽聯絡簿。不僅考驗媳婦的眼力及識讀能力，幾乎每一欄都要跟孫子確認一下才能簽名，所以經常會聽到母子的爭論聲。孫子要趕在老師把聯絡事項擦掉前，抄寫好聯絡簿，字體潦草，往往只有他自己看得懂，有時媳婦問他時，他也會瞄半天還看不懂自己寫了什麼。有智慧的媳婦覺得長期這樣下去會影響親子關係，決定改變策略。某天晚上簽聯絡簿時，媳婦大大讚賞孫子字跡最漂亮的那一欄，其他歪七扭八的字當作沒看到。當下我看到孫子竊竊自喜。

第二天晚上，媳婦更大聲的稱讚：「哇！這兩欄好清楚，媽媽不必跟你確認，就知道你寫什麼了。而且字體很端正又漂亮，你怎麼做到的？」孫子開心得合不攏嘴。之後每天的聯絡簿就變得整篇工工整整，連國語、數學、英文、自然、社會等習作簿也大大改善。真是令人驚訝！朝孫子的優點邁進，竟然有這樣想不到的效果。

我相信任何人都喜歡聽讚美勝過批判，父母的掌聲在哪裡，孩子的發展就在哪裡，最重要的是讓孩子產生自信心，光芒自然顯露。看孩子的角度不同，教養結果就會不一樣。我們要用熱情來點燃孩子生命中的亮點，如果父母每天都在叨唸孩子的缺點，孩子會愈來愈自暴自棄，缺點肯定愈來愈多，同時會覺得爸媽不愛他，家庭氣氛就會變得詭異。如果每天發現一點孩子的優點，他一定愈來愈優秀，父母就可看見孩子真心的笑臉，家庭氣氛也會變得和諧。

陪伴筆記

首先，爸媽每天都要互相稱讚對方一個優點，例如：爸爸在晚餐吃飯時，可以大聲稱讚媽媽手藝，哇！今天的荷包蛋煎得好嫩，鹹淡剛剛好，真好吃，謝謝媽媽。

爸媽對小朋友的稱讚也不能少，每天用慧眼觀察，找出孩子的一或兩個亮點來稱讚或放大，讓孩子朝著我們稱讚的方向繼續前進。即使是很小的事也可以，只要孩子的行為表現比昨天進步，例如他鞋子擺得比昨天整齊，他自動幫媽媽提菜籃、今天放學回家有記得把衣服掛好。

19 責任感的養成之路

有一回，兩個孫子在客廳玩玩具，一聽到媳婦喊吃飯了，兩人把玩具一扔就衝進飯廳。見狀，我請他們回來收拾好玩具，沒想到六歲的孫子竟然回應：「媽咪會整理啦！」就讓那些玩具無辜的散落在地板上。我想起在學校每當經過「失物招領區」時，看到雨具、外套等琳琅滿目的物品和做工精緻的衣服，都會忍不住想：「這些物品的主人到底為什麼棄它們於不顧？」當今社會少子化，父母捨不得孩子吃苦，過度呵護，食衣住行都替孩子打點得好好的，物品丟失了就再添購，如此惡性循環之下，容易造成孩子責任心不足，自然也不會懂得為家庭分擔責任。

責任感養成雙關鍵

當孩子出差錯時，父母如果急著挺身而出，孩子便沒機會在生活中體驗「責任」的意義。依我在校的實務經驗，孩子先要對責任具有認知和認同，才有動力去實踐。所以爸媽要告訴孩子，責任就是做好應當做好的工作。在家裡，要讓孩子認知有協助做家務的責任；在學校，孩子有準時上學及完成自己課業的任務。孩子擁有以上清楚的共識，自然會認同而有行動力，用心去執行。如何建立孩子實踐責任的動力和決心呢？

首先要讓孩子覺得他所負的責任有意義和樂趣，才會促使他有動力去完成，而且覺得自己有所貢獻。例如，隨手收拾客廳桌上的杯碗、花瓶定時換水、沙發椅墊排整齊等，讓家人感受到家居幸福；處在團體中，守時不遲到早退，更不影響他人，活動便可以如期且圓滿順利進行。

此外，更要給孩子學習自行承擔後果的機會，例如孩子在幾天內便花光他整個月的零用錢，就要讓他承擔沒有錢可以運用的後果，這樣比起再給他額外零用錢或責怪他不知節制，更能培養孩子的責任感。如果孩子未能收拾好自己的文具和玩具，爸媽就該訂下規矩，如果因此遺失了，不會再幫他們購買，這樣孩子才能真正理解不負責的後果，日後也會將用過的物品收拾妥當。

換位思考

我經常透過跟孩子講述相關的故事，讓孩子明白他自己的責任。換位思考，就是心理上將自己的心換到對方的位置上去思考問題或看待事物，並且體會他人的情緒和感受。

記得兒子小時候有次吃完點心和果汁，留下客廳的桌面和地板一片狼藉，卻擦擦嘴角就走人，逕自開始他的遊戲時間。這時我不發一語，默默打理乾淨。之後過了幾天，我故意在客廳挑菜，將挑剩的菜根、枯葉、黃泥土全擱置在客廳的桌上，當兒子玩遊戲的時間到了，他竟然尖聲呼叫：「媽媽！客廳怎麼這麼髒亂。」

我笑笑說，「我要煮晚餐了，請你幫忙整理一下。」他心不甘情不願的嘟著嘴巴，邊嘀咕邊整理著。這時我才溫柔地告訴他前兩天的點心事件，讓他感受我當時的處境。從此之後，兒子就不再發生類似的情況。

以接納讚賞代替責罵嘮叨

「接納」和「讚賞」是培育責任感的不二法門。當孩子自發寫完功課和自己穿制服以及整理書包時，爸媽就要給予嘉獎或鼓勵，令他獲得滿足感而繼續堅持下去，並明白負責能取得別人的信賴。孩子幫忙摺衣服和整理衣櫃時，也許沒有大人的水平和俐落，這時爸媽要睜一隻眼閉一隻眼，孩子長大了自然能跟上。如果玩電動遊戲或看電視超時，爸媽要適切提醒。

家長若是以一再提醒或用責罵的方式要求孩子履行責任，往往會引起孩子強烈的反感和抗拒。例如家長早上一直提醒孩子「要上學了，快起床」，或是責罵「不是叫你早點睡嗎？現在遲到了，會被老師罰寫，下課時間也不能出去玩……」，這樣既無法讓孩子體驗與理解「準時上學」是自己的責任，反而可能誤以為「提醒」是家長的責任，自己不必為遲到而緊張。日子久了，孩子就習慣要家長一再呼喚才肯起床，一旦沒人叫他，很容易就錯過上學時間。

建議家長可用一些策略，讓孩子有起床的動力，例如，拉高嗓子說好吃的漢堡、水果三明治是誰的？只要是孩子喜歡吃的早點，他們就會迅速起床搶著吃；或是利用孩子喜歡的活動來引發孩子起床的動力，提醒他們今天有班級球賽、校外教學，或是下課後要去逛夜市打撞球。

家長還可利用生活情境來做引導，比如讓孩子學習自行規劃回家後的行程，像是寫作業、玩玩具、就寢時間等，讓孩子自己寫下計畫表，學習時間管理。

在習慣培養上，請孩子在睡前要將房間整理乾淨，並準備好隔天上學要穿的制服及所需的物品。在觀念養成上，教孩子關注自己的行為管理，像是主動將聯絡簿、作業、考卷交給爸媽檢查。

孩子的責任感就是由生活小事逐漸培養，這是漫長而艱鉅的工作。如果孩子從小沒有學習付出，長大後更不會懂得奉獻，容易變成凡事以自我為中心。所以父母要幫助孩子自小就培養責任感，他們長大後會持續實踐，漸漸把這美德內化為自律精神，不斷提高對自己的要求，並學會自我督促，有更大的動力和能量去承擔重大責任。

校長的小叮嚀

培養孩子「責任感」是美德，從「認知」和「認同」出發。爸媽要避免一再嘮叨責罵，讓孩子自主決定，學習自行承擔，啟發他換位思考，堅持耐心、用心陪伴孩子實踐責任的動力和決心。

陪伴筆記

讓孩子練習規劃自己放學後的時間，比如，寫作業、吃晚餐、複習、預習、閱讀的流程和所需時間。（表格參考P.53）

從今天就開始訓練孩子睡前整理好書包、準備好第二天的制服與鞋襪。這樣家長既可避免一大早生氣叨唸又匆匆忙忙，也讓孩子學習對自己的事負責。

20 慢養教出好性格，帶來好人生

一天傍晚，我去接孫子放學時，他拿了五張期末考卷給我看，分數從九十二分到九十九分不等。我稱讚他，但他似乎對自己的成績不滿意，他說班上的A同學考了五個一百分，言下之意是他自認考得很遜。

回到家，他拿考卷給兒子媳婦簽章，沒想到他們又對孫子說：「A同學可以考五科一百分，為什麼你一科都沒有？」當下，我看到孫子一臉落寞，心情盪到谷底，爸媽仍毫不客氣雪上加霜，我立刻使個眼色給兒子媳婦，他倆反應過來，立刻改口：「兒子沒關係，我們努力看看，下次一定有機會考一百分喔！」

孫子的苦瓜臉這才綻露出一點笑容，接著自言自語：「A同學說他從三歲開始，每天要背五個英文單字，否則不准吃飯。」

我聽了好心疼，為何孩子從小就要承受這樣的壓迫和緊張的教育。在經營學校時，經常有資優班、音樂班的家長到校長室諮詢，想知道他們的孩子將來會變成科學家或音樂家，我當時遇上這種情況都很困擾。在教育界服務五十多年，我看到很多父母太心急，擔心孩子成績不佳會輸在起點跑，教養孩子以考上名校為目標，完全以成績來論斷孩子，其實，學業學習可以靠填鴨速成，但性格的培養完全沒有辦法速成，好性格要靠「慢養」而成。

慢養，給孩子學習機會

我鼓勵家長抱持的「慢養」觀念，並不代表放任孩子，而是給孩子學習機會，無論失敗、挫折或成功，都能轉為增強成長的能量。家應該是孩子生命力的來源，家的溫暖能為孩子的人生加分。國內知名卡內基大師黑幼龍說過，他這一生最引以為傲的，不是他的成就與事業，而是擁有四名各具特色的孩子。從黑幼龍慢養四名子女的成長歷程，不難發現家庭價值、親子關係、手足情感對他們人生所產生的影響。

就像前述孫子的五張考卷，沒有一張是一百分，當下被兒子媳婦碎唸，他當然很沮喪；但是我鼓勵他慢慢努力，再多寫一些測驗練習，不斷預習、複習，加上上課專注聆聽，果真期末考時獲得兩科一百分。這時孫子充滿自信的說：「只要肯努力，就能心想事成。」

每個孩子都是獨特的，成長曲線都不一樣，爸媽要有耐心，不要緊張急躁，不以當下的表現來評斷，尊重孩子的個性差異，輔導孩子找到成長的方向，如果追求速成，往往會弄得親子都痛苦不堪。

對孩子要有信心

隨著社會變遷，讀書已不是成功的重要關鍵，創意、自信、熱忱才是，學歷的影響力將愈來愈低。蘋果電腦創辦人賈伯斯，雖然大學都沒有念完，但他在自己的興趣上不斷努力與堅持，一九七六年創立了蘋果公司，生意剛有起色時，卻被一個失敗的產品打趴下來，他也因此被踢出自己的公司。一般人在落魄時刻很容易放棄自己，可是，賈博斯還是拚命尋找機會。那時，他看中一家也在死亡邊緣掙扎的公司NeXT，後來，蘋果就把它買了下來，並邀請賈博斯重新回到公司，擔任執行長。就在這裡，他開始了一系列改變世界的發明，包括iPhone和iPad。他的創意、熱情、堅持造就了他的成功。在人生最低谷時不放棄自己，堅持挺過來，是一種能力，也是極大的勇氣。幸好有賈伯斯的堅持，我們今天才能享用到這麼好的東西，也認識了這樣一位不朽、自信、有創意的偉人，最終開創了影響全人類的事業。

並不是說讀書不重要，而是讀書之外，孩子更需要有讓他發揮所長的其他能力。世界不斷地快速變化，每家企業公司用人，考慮的將不只是學歷與個人能力，人格特質將更顯重要，而人際互動、溝通能力、團隊合作精神也不可或缺。

我家四個孩子長大後，我問他們最懷念爸媽的是什麼？得到的答案是，我們幫助他們培養了好性格、好習慣。我四個孩子的性格各異，我肯定的說好性格是慢養出來的。他們發自內心的自信，良好的人際溝通，是我送給孩子最好的禮物。

我經常聽到任職北市大教授的大兒子，跟他的兩個兒子說：「要做好作業、睡前刷牙等自己該做的事；做人要大器一點，不要跟別人計較，多跟同學分享。」這些都是我在他小時候常對他說的話，他不僅終身記得，還運作到他的孩子身上。大女兒在音樂班任教，看到老人家過馬路，她一定主動上前幫助老人家安全的過馬路，並且微笑地對老人家說：「阿公，你很棒，要小心走喔！」每當看到這場景，我總是很欣慰，從小教她要尊敬長輩，更要主動幫助別人，她一直奉行不渝。

人生是一場馬拉松，不是短跑，每個孩子的發展曲線也不同，千萬不要以一時斷定一世。父母從小陪伴孩子慢慢跑，掌握好方向，就能堅持到終點。慢養是等待的過程，爸媽是園丁，孩子是種子，園丁在花園裡播種後，耐心等待萌芽；慢養也是陪伴，在幼苗成長過程中，園丁細心觀察幼苗需要什麼，適時提供各種養分，輔助幼苗茁壯，長出自己的顏色與姿態。

陪伴筆記

在孩子成長的過程中，爸媽要相信孩子、等待孩子，讓孩子從小感受到被關愛，知道自己是受重視的，而且允許自己慢慢長大，這樣孩子就能擁有好性格，人生種種美好的事物自然隨之而來。

21 教孩子用愛的眼光看世界

有次受邀到新竹市關埔國小和中年級老師夥伴一起備課，因為校舍還在持續興建，所以我一時找不到教務處，找路中遇到一群可愛的一年級學生，他們露出天真的笑靨，眉開眼笑的用手指著方向，「阿姨，主任在那邊。」我深刻感受到這間學校充滿了「愛」，從校長、主任都笑臉迎人，更可看出這是間「溫馨又創新」的國小，這裡的孩子太幸福了。

為人父母者一定很期望自己的孩子將來有安全感、情緒穩定，能開心的在校學習，擁有和諧的人際關係與家庭生活。因此，我們一定要及早培養孩子的「愛心」，讓他有愛人的能力，學習以愛來待人處事。「愛」的真意是包容和尊重，他能將一個人的人生點綴得光彩奪目，也能給人一種無限光明的前程和希望。所以佛洛依德說：「要想孩子將來成為巨人，就得給他豐足的『愛』。」從心理學家和教育家的角度來看，「愛」有它一定的品質，如果不理解這些內涵，「愛」就失去它的光輝，失去它春風化雨的力量。

每個孩子都是獨特的個體，必須根據他的需要，適當的給予關心和信心，照顧和溫暖。說得更直白些，就是孩子需要大人關心他的願望，但不希望大人支配他；需要大人瞭解他的困難，但不希望干預過多；需要同情和支持，但不希望受責備和凌辱；孩子也期待被協助，但不希望大人為他做太多的決定。

我相信天下沒有父母不關心自己的孩子，卻有許多父母做出錯誤的示範，一心想替孩子決定前途或鋪路，強迫孩子做不想做的事，結果弄巧成拙，落得兩敗俱傷的尷尬場面，住家鄰居的阿強就是一個悽慘的例子。阿強從小在我們家附近的國小就讀，聰明伶俐，成績優秀，國中考到新竹市某名校的資優班，成績一直保持名列前茅，高中更考進台北的建中，因此家中雙親對他期許很高，希望他能考上台大醫學院，將來當醫生，光宗耀祖。

但阿強對電機很有興趣，一有空檔他就拿著扁鑽將家裡的電扇、唱機拆解，再組合起來，他覺得有趣又有成就感。大學聯考選填志願時，他心中的第一志願是台大電機系，但父母堅持要他填台大醫學系，拗不過父母的權威，也不想辜負父母的期待，就去念了人人欣羨的台大醫學院。當時這在我們鄰里是美談盛事。噩夢卻從小強上大學之後開始了，他每天到台大上課，度日如年，因為每一門課都不是他想要學習的，他開始翹課打電動，認識了不良分子，結夥搶劫，最後進了警察局；當接到警察的通知時，小強爸媽後悔已經來不及了，這也是大家都不願意看到的光景。

教導孩子表達愛

我們還要教孩子怎樣來愛父母。記得女兒還很小的時候，有一次，我吃壞肚子，晚上在廁所嘔吐不止。一回頭，看到五歲的大女兒怯生生地站在我背後。當下本來想叫她快點去睡覺，後來我念頭一轉，問女兒：「妳有沒有看到媽媽在吐？妳怎麼不問我『妳怎麼了？』」女兒很聽話地照我的話問「妳怎麼了」，我說：「媽媽不舒服。妳可以替我拍拍背嗎？」她馬上走過來，用小手輕輕地拍著我的背，還摸了摸我的臉。我微笑著謝謝她，說：「謝謝！媽媽現在覺得好多了！妳可以倒一杯水給我喝嗎？」她立刻就去倒了一杯水來。從此以後，大女兒只要看到我有什麼不對勁，一定會立刻問：「媽媽，妳怎麼了？要不要我幫忙？」讓我格外感動。

「表達愛」是需要被教的，適時的機會教育能獲得豐沛的後續效應。更重要的是教孩子用「愛」來看事情：比如有些父母一看到孩子跌倒了，心裡明明是擔心，但當場的反應卻是生氣地罵「你為什麼不好好走？」；這種狀況是父母情感表達的不當。建議爸媽當場應該說「有沒有受傷？會不會痛？」，先表達關心和關愛，再表達「不好好走路，受傷會讓媽媽很擔心」，而不是以憤怒的情緒取代焦慮，當下就能讓孩子感受深刻的愛，在他小小心靈種下愛的種子。也就是讓孩子心中存有慈悲和善心，這時他看到的一切人和事皆美。當孩子用同理心、愛和寬容去探索這個世界，就能走在正確的道路上，舒坦地生活在充滿愛的環境。

陪伴筆記

想一想有沒有什麼機會，可以帶著孩子一同體驗「給予」的快樂？像是週末去爺爺奶奶家幫忙打掃院子的花草，或是讀一個故事給弟弟妹妹聽。

22 在生活中培養孩子好品德

有一天吃完晚餐，七歲的孫子看我很疲累，自動來幫忙收拾碗筷；等我洗好碗，他又來幫忙擦乾，然後放到碗櫥中。雖然是件小事，但讓我感受到他的體貼和平日的觀察力，非常感動，大力稱讚他。家長想要成就孩子的品德，不必遠求，就從日常生活中做起。

許多家長過分關心孩子，生怕孩子處於壓力下會「不快樂」，因此汲汲營營地努力創造無壓力的環境，卻忽略了該關心孩子的道德健康。要教導道德健康的小孩，父母不但要注意教導的「內容」，還要注意教導的「方式」。

正確的教導「方式」是什麼呢？例如孩子好奇的去玩打火機或開瓦斯爐時，大多數父母會嚴厲的斥責孩子：「不可以！小孩子不可以玩火，下次再玩就處罰你！」這種管教方法是典型的抑制孩子的「惡」，好一點的父母會加一句：「如果不小心會引起火災。」做為補充說明。

許多家長忽略了把正確的價值觀放入孩子心中，而是使用權威式的教養觀，告訴他們什麼事該做，什麼事不該做。這將會讓孩子因為怕父母或害怕被罵，使得他們不敢犯錯，這很容易導致孩子口服心不服，也很容易造成孩子的曲解，以為這件事僅限於在「父母面前」不能做，或許離開父母眼皮底下，孩子就會再次玩火。家庭是實施品德教育最佳的基地，這要靠爸媽一起努力。爸媽是孩子心靈上的道德牧者，所謂「上樑不正，下樑歪」，父母責任重大。

首先，父母一定要身教言教，營造正向氛圍，家庭成員互相體諒與支持，讓孩子獲得心靈的力量。生活中適當的讓孩子做家事，為家庭分憂；父母要重視全家一起用餐的時間，定期和孩子完成一件事，陪伴孩子玩遊戲，共同討論家裡發生的事，讓孩子瞭解做人處事的原則。

其次是讚美好品德。當孩子表現出好品德時，我們可以具體指出孩子哪些言行和態度做得很好，例如看到孩子洗碗的優秀舉動，就馬上大力誇讚，孩子會強化和持續好行為。父母要教孩子主動與鄰居打招呼，同步可讚賞孩子的主動、誠懇、有禮、勇敢等良好品德，並解釋這些好品德可以使他和別人都受惠，這樣就能鼓勵孩子繼續有良好的表現。

更重要的是，引導孩子管理失控時的感受。我們關懷他人的本能，經常會被憤怒、羞愧、嫉妒，或是其他負面情緒所淹沒。我們要教導孩子，這些感情反應都是正常的，讓孩子理解這種情緒對自身毫無益處。

當正確的觀念在孩子內心紮根及發酵後，孩子自然會在生活中把內化的品德紮紮實實的展現出來。別小看這些點點滴滴的耕耘，都能造就孩子不一樣的未來，再也不用擔心孩子會受同儕或大環境負面拉扯，因為好品德在生活中已根深柢固了。

陪伴筆記

我們要協助孩子處理負面情緒，以下是親子可以一起練習控制情緒的方法：

閉上眼睛，用鼻子深呼吸，用口吐氣，從1數到10。

反覆練習，直到可以熟練和適當地用平穩的態度來表達自己的感情為止。

23 家庭中的禮貌教育

過年時，我回娘家和兄弟姐妹等親人聚餐，同桌親戚的七歲小孩一直玩中間的轉盤，影響了同桌用餐者夾菜不打緊，十人一桌的合菜餐，他竟然一個人獨吃了三隻炸雞腿，也總挑揀水果盤裡最大塊的水果吃，讓我不禁感慨現今的家庭教育是否疏漏了什麼，孩子的教養和禮貌在哪裡？這狀態或許跟現在的社會結構有關，小家庭與少子化成為主流，每個孩子在家庭受到的關注和寵愛遠高於過去，缺乏了應對進退的練習機會，是家庭中禮貌教育最大的難題。

常有人問我：「校長，您是怎麼教小孩的？為什麼他們接電話和人對話或互動時，總是彬彬有禮，輕聲細語，笑臉迎人，給人很舒服的感受？」我總回應：「這是基本禮貌，應該的。」

在經營學校時，我也經常把「生活禮儀」擺在學習課業之上，讓我們學校的學生擁有「禮貌天使」的雅號。以下分享我個人教養孩子學習禮貌的經驗：

身教重於言教

首先，爸媽必須以身作則。孩子的觀察十分敏銳，要教孩子成為有禮貌的人，身教絕對重於言教。一定要讓孩子看見：父母會在等車時排隊、下車時對司機說謝謝、在公共場所輕聲細語，拿取別人東西前先詢問對方的意願、當不小心踩到他人時立刻說對不起……，如果父母能注意到這些生活小細節，就會發現這些小動作其實都有它的道德意涵，孩子會在不知不覺中模仿大人的言行舉止，內化轉為自身的行為模式。

親切問好不可少

接下來，指導孩子見了同學或親友，要親切問好。只要面帶微笑，聲音響亮，簡單的一句：「叔叔、阿姨，早安！」都會讓人心情愉快，開始美好的一天，並給人良好的印象。如果不知道如何稱呼，可以當面請示對方，只要禮貌周到有誠意，並不會失禮。我當「接待家庭」時，有一次，一個來自馬來西亞的小女孩看到我家阿公，很大方的問我：「請問，我該怎麼稱呼這位爺爺？」我告訴她可以跟我孫子一樣叫「阿公」，她就立刻點頭大聲說：「阿公好！」令阿公非常開心。

同時也要注意說話的禮貌，父母可教孩子對話中多「讚美」，不要「批評」。到別人家做客時，最忌諱的就是當面評論：「你家好小」、「你家好亂喔」、「你家很有錢」、「你家有傭人嗎」，不論是私底下跟同學竊竊私語，或是當著對方爸媽說出口，都會令場面十分尷尬。許多小孩常常口無遮攔，像這類狀況經常發生，因此更要教導孩子學習說話禮節，例如「我喜歡你家溫馨的布置」，或是「你家好乾淨」、「玩具好有趣」等都很適當，或是少說話，都比胡亂批評來得好。

用餐禮儀有學問

最後是用餐的禮節，吃飯時，兩手規矩的拿筷扶碗，不隨意翻攪菜餚，不玩弄中間轉盤，不端著飯碗到處跑，更不要高談闊論，這些都是基本禮貌。其實大家一起用餐時，最好保持適當的安靜，如果要聊天，話題應顧及餐桌上的每一個人。如果要夾桌上最後一點食物時，應該要問：「請問還有人要吃嗎？」或「我可以吃嗎？」而非大剌剌地閃夾。吃飽了要離席，應先禮貌的告知：「我吃飽了，大家請慢用。」

我都會告訴孩子，用完餐要幫忙收拾碗筷並放進洗碗槽，會讓人覺得很貼心。孩子的禮貌教養，是來自於大人在日常生活中不斷以身教示範，才能養出人見人愛有禮貌的孩子，讓他們能走遍天下，擁有個人特色和競爭力。

陪伴筆記

有些孩子生性害羞內向，不喜歡與人打招呼，其實也沒關係，但要注意孩子的表情與態度是否友善。父母可以等親友或鄰居離開後，再問孩子剛剛為什麼不打招呼，不要立刻就責罵孩子。

24 培養正向思維

星期日下午，我和兩個孫子進行祖孫三人說故事比賽。九歲的大孫和五歲小孫摩拳擦掌，「故事冠軍達人」儼然非他們莫屬！

我先說了一個「父子騎驢」的寓言故事；接下來，大孫說了一個格林童話「小紅帽」；小孫不甘示弱的說了他常聽的安徒生童話「醜小鴨」，但小孫說到一半突然忘記內容，他猛搔著頭，急得淚眼汪汪。當下大孫馬上幫他接話解危，讓小孫破涕為笑，繼續順暢的說完故事。

在評論輸贏時，大孫竟推薦小孫為第一名，並獲得一個新儲蓄筒當獎品。事後我很好奇的問大孫：「為什麼把冠軍寶座讓給弟弟？」

他回答：「奶奶，妳不是常常告訴我，看到別人遇到挫折，要熱情伸出援手，並找出方法和他一起迎接挑戰？我是哥哥，看到弟弟有困難，當然義不容辭，要全力幫助他解決問題。」

我很開心，也被大孫勇於犧牲自我，成就和鼓勵弟弟的舉動所感動，這孩子的正向思維就是來自日常生活中細水長流教導的累積。我們只要回溯孩子的成長歷程，就會發現孩子的學習其實很簡單，生活學習就是最好的教材。許多爸媽常為孩子的學習傷透腦筋，甚至不惜花費大把鈔票買許多教材，卻忘記了最好的學習在生活裡，透過瑣碎的生活小事，就能培養孩子正向思維的發展。

借力使力不費力

家長們還可運用繪本、寓言故事、影片欣賞等引發孩子的對話或討論，在孩子內心建立正向觀念，且可借助美國水平思考大師波諾所提出的「PMI創意思考法」：①P（plus，正向）：這件事情或行為好在哪裡？②M（minus，負向）：這件事情或行為不好的地方在哪裡？③I（interesting，有趣）：這件事情或行為有趣的點是什麼？

藉由以上三種思考方式，引導孩子從不同的角度理解書中、影片中出現的某個行為或事件，建立自己的觀點和感受。

讓孩子相信自己，一定能夠做得到

發明家愛迪生曾說：「成功的祕訣很簡單，那就是無論遇到任何狀況，都要相信自己一定能夠迎刃而解。」成功者和失敗者的差別往往在於思考模式，成功的人總是相信自己一定可以做得到，而失敗的人卻讓恐懼阻礙著他們。每個人能達成的高度，一部分是取決於能力，但另外一部分卻取決於你有多大程度相信自己能夠做得到。

鼓勵孩子做合理的冒險

爸媽常會卡在保護孩子的底線，既不想讓孩子受傷，卻又擔心扼殺了孩子自我成長的機會；實際上，許多爸媽都會因為孩子一開始表現得不夠熟練，接著就阻止或打斷孩子自我嘗試的活動，這樣久而久之，會導致孩子自信心不足，更會讓孩子的態度轉變為消極。

即使孩子會犯錯，但絕對比完全不去嘗試來得好，因為成長就是必須不斷的從錯誤中學習，比如讓孩子獨自在後院玩耍，或是在沒有家長的陪同下，參與校外教學活動等；等孩子大一點，就可以再鼓勵他們進行更具挑戰性的項目，像是登山郊遊或是參加夏令營、攀岩等活動。培養孩子獨立的最好方法，就是放手讓他們勇於嘗試新鮮事。

父母還可安排家庭旅遊，讓孩子多接近大自然。建議爸媽和孩子一起計劃，共同蒐集目的地的相關資訊。所謂「讀萬卷書，行萬里路」，旅遊可以豐富一個人的生命，旅程不管是短程、遠程、當日來回或長期停留，大人皆可觀察到孩子在旅途中對不同人事物的反應，培養他們的獨立思考能力，透過體驗擴展視野。

利用逛街培養自制力

我們和孩子一起去逛街時，面對商店裡琳瑯滿目的物品，有些是生活常見的，有些是陌生的，皆可成為爸媽教導孩子生活知識的重要媒介。當孩子面對諸多誘惑時，更可建構出孩子的自制力與正確的價值觀。不管是在大賣場、傳統市場還是百貨公司，親子在找尋商品時可以互相討論，啟發孩子尋找答案的能力，在過程中還可發現彼此的喜好。

陪伴筆記

我們都希望孩子能以「我要！我願意！我想再試試看！」的正向思維，熱情的面對生命，並擁有解決問題的能力。但在現實生活中要做到心平氣和面對每件事並不容易，但可透過改變思考模式，使事情朝正向發展。這些都需要時間和耐心，也是孩子面對人生最重要的一堂課。這堂課可以從教孩子感恩做起。

每天睡覺前，我一定會做一件事，就是和孩子們一起想想今天值得感恩的事，接著每個人開心的分享。

25 培養同理心，父母態度很重要

有一天，兩個孫子放學回來，在客廳玩耍，不到五分鐘就開始吵鬧。我探個究竟，竟然是大孫霸道地搶走小孫的鹹蛋超人，而小孫堅持不放手，引發了哭鬧的緊張衝突。我把念小三的大孫請過來，輕聲婉轉的問：「如果你心愛的東西被人搶走，你會怎樣？」大孫瞪大雙眼，想了一下說：「我會很難過！」然後他馬上就把鹹蛋超人還給弟弟。小孫破涕而笑，一場因為缺乏同理心而引發的小風暴就此消弭。

像這類「搶別人的玩具」、「想要的東西就要立刻得到」、「認為自己的事情最重要」等自我為中心的行為，很常發生在孩子之間，父母要培養一個會講道理的孩子不難，但要教出一個有同理心的孩子就不是那麼容易。依我個人的經驗和觀察，同理心並非天生擁有，而是靠後天慢慢練習的。現在就來談談如何讓孩子學習擁有同理心。

開啟孩子同理心的鑰匙，就是爸媽親自示範對他們的同理心，讓他們經歷怎樣被同理對待的感動，以及領悟這種感覺有多麼不一樣，讓這種經驗不斷累積。爸媽同理孩子，不僅可建立孩子對爸媽的信任感與深厚感情，更有助於爸媽教導孩子好的價值觀和行為。

爸媽在生活中對其他人展現同理心就是很好的機會教育，例如友善對待餐廳的服務員、商店的店員、收垃圾的清潔員等，千萬別對他們視若無睹，應給於高度的尊敬和同理，孩子看在眼裡，自然會學習父母的態度。

帶孩子多接觸人群

多帶孩子與人互動，從生活中累積同理的經驗，像是日常帶孩子到公園玩樂，當孩子觀察到其他小朋友因玩不到遊樂設施而傷心時，爸媽便可描述這種感覺給孩子聽，例如：「我想那個小朋友玩不到遊樂設施一定覺得很難過。」

藉由日常生活中的經驗，引導孩子同理他人的情緒，當孩子日後遇到類似情況，就能運用經驗展現同理行為。如果小時候沒有建立起彼此分享感覺的習慣，等到孩子長大以後，就很難拉近親子間的關係了。

透過遊戲學習與他人互動

有些孩子的自我中心意識比較強烈，爸媽可運用繪本引導孩子換位思考，學習同理心，比如《不是只有自己的事才重要》故事中，蟋蟀出門去拜訪朋友們，結果大家都遇到了一些問題——瓢蟲遺失了身上的一個斑點，緊張地尋找著；蜜蜂的翅膀被細繩纏住了，飛不起來；蜘蛛手忙腳亂地趕工做絲球；但蟋蟀並不認為這些事情有那麼重要，所以牠並沒有幫助牠們就離開了。直到牠回到家裡，想要演奏最喜歡的小提琴時，琴弦卻「啪」的一聲斷掉了……。在親子共讀中，父母可幫助孩子標示感覺，透過角色扮演遊戲，讓孩子學習站在他人的立場思考。

另一本繪本《為什麼不行》也是非常適合生活與機會教育的幽默故事，書中的鼴鼠覺得超級奇怪，牠又沒做什麼給大家帶來麻煩的事，為什麼石頭們竟然一個個拚命擋住他通往地面上的通路！透過故事中鼴鼠的各種行為，藉此教育孩子的基本禮儀，不要在無意中成了「自覺無辜的鼴鼠」喔！

在閱讀過程中，爸媽還可和孩子互相扮演不同角色，各自發表自己的心情；然後再對調角色，一起討論不同身分的感受差異。一來，提醒孩子做任何事情時，都要運用同理心，設身處地替周遭人想一想。

孩子跟我們一樣，有時候不是不願意同理別人，而是碰到了很大的壓力，瞬間爆發憤怒、羞愧等負面情緒，這時如果能幫孩子處理對他人的偏見，就能釋放同理心。例如：當我們看到孩子不開心時，跟他聊聊心事，讓孩子說出心情不好的感覺是什麼，是覺得失敗還是傷心、生氣，鼓勵他把原因說出口。排解掉負面情緒後，就能轉向正面的思維。

在學校數十年的經驗，我發現愈有同理心、愈懂得幫助他人的孩子，經常具備較好的社會適應能力及人際關係，這些孩子在學校、社會，甚至長大在職場，都有很優質且亮眼的展現。

同理心也是解決衝突的好幫手。孩子如果跟人有衝突或遇到身邊的人發生衝突，可以提醒孩子換個角度從他人的立場想一想，或是練習角色扮演。這樣互相理解後，通常較能一起找出化解衝突的好方法，把危機和暴衝點降到最低，達到共好的人際生活。

陪伴筆記

觀察孩子在哪一方面的同理心較不足夠，例如不太懂得分享、或是不太記得對別人的幫助說謝謝，父母可以陪伴孩子玩角色扮演遊戲，如上述《為什麼不行》繪本中的角色，來練習去理解他人的立場。

26 培養孩子體貼和關懷的心

有一天接孫子放學，回家後我全身疲累地癱在客廳沙發上，因為剛開學忙著備課，又參加語輔團研習、專案研究等，使得體力完全透支。小學三年級的大孫見狀，馬上靠近我探問：「阿婆，妳怎麼了？」我回答：「很累，想喝水，休息一下。」大孫立即去倒了杯溫開水給我，同時用小手幫我捶背和按摩肩頸。

這時讀幼兒園中班的小孫開心地在客廳裡踢球，「咚！咚！咚」發出聲響，大孫馬上交代小孫：「噓！婆婆要休息，你踢球會吵到婆婆，到地下室去玩好嗎？乖！」好貼心，多感人的童言童語！

我思索才九歲的孩子，怎會這麼懂得體貼和關懷他人？想到應該是兒子媳婦平日就很關心他們的學生和親友的需求，並不時給予人力物力的溫暖支援和協助，孫子耳濡目染，這就是境教身教的魅力典範，體貼和關懷是可以訓練和後天教化的。

家長如果希望培養孩子體貼、善解人意，就要從平日的生活細節做起。

以身作則：要影響孩子，沒有任何一個方法比身教更有效。想改變孩子，要先改變自己，檢視自己的行為舉止，例如爸爸是否會跟媽媽一起整理家務？如果加班晚回家，會不會先打電話告訴家人？出差、旅行，會不會打電話報平安？是否會對爺爺奶奶噓寒問暖？

讚美與提醒：無論大人或小孩，人人都喜歡聽好話，因為好話是對自己行為的肯定。當然讚美也是促進行為改變的原動力之一，正如許多心理學家說的「正增強」效果一樣，適時給孩子鼓勵，例如在別人面前即時的讚美，更能刺激孩子重複出現好行為。

增加與他人互動的機會：如果孩子是家中的獨生子女，缺乏兄弟姊妹的陪伴，父母可盡量找機會讓孩子和其他人相處或玩樂，增加孩子與他人互動的機會，比如週末假日邀請孩子的同學來家裡做蛋糕，讓孩子在群體中學習觀察別人的需求與反應，分享或幫忙都能加速孩子社會化行為的發展。

樂於分享：舐犢之愛讓為人爸媽的都寧肯虧待自己，也不願怠慢孩子，好吃好玩好用的全數往孩子面前堆放；也總是一邊擔心孩子會發展成不關心別人的冷血兒，一邊卻又在做阻攔孩子學會分享的蠢事，而且經常會發生這樣的場面：孩子真心誠意的請爸媽享用蛋糕，爸媽卻堅決推辭，哪怕只是象徵性的吃一口也捨不得。這樣等於是回絕了孩子的好意，久而久之，孩子也就沒有關心與分享的習慣了。懂得分享的孩子，長大以後自然會懂得體諒他人，能交到不一樣特質的朋友，並與同儕圓融的互動。

此外，當孩子犯錯，應立即處理或提醒，讓孩子當下學習到應有的態度。

有一天全家在吃晚飯時，小孫子不肯坐下來好好吃飯，拿著飯碗跑到沙發上，突然一個不小心，碗就掉在地上了。小孫驚嚇不已，準備開溜。我走過去一看，碗破了，飯菜撒了一地。兒子拿著掃帚過來要打掃，我拒絕讓他插手，因為我想引導小孫自己處理。

小孫知道自己犯了錯，很不安的看著我。我問他：「寶貝啊，你看碗破了，飯菜撒在地上了！你應該怎麼辦呢？」小孫一聽，趕緊跑去拿了掃把和餐巾紙說：「把地上的碗和飯菜掃起來，弄乾淨。」我繼續問他：「那是你自己要清掃，還是需要阿婆幫忙？」他搖了搖頭說：「我自己來。」接著他用心收拾，我開始教育他：「你看，如果剛剛你聽阿婆的話，是不是就不會把碗打翻了？」小孫點了點頭。等他收拾好，我抓住機會繼續鼓勵他說：「你犯了錯又自己主動承認，而且還很努力自己收拾，這一點很棒哦！真是一個好孩子。你以後能不能坐好吃飯，不要跑來跑去，浪費食物可不是好孩子，對不對？」小孫說：「對的，粒粒皆辛苦。」

現在的孩子大多獨立意識強，犯了錯願意自己來承擔。但父母要注意孩子的情緒反應，更要有技巧的引導，千萬不可以暴制暴的處罰。對於孩子們的不當欲求也絕不讓步，溫和且堅定的拒絕，並逐步訓練及強化孩子能將欲求加以延宕、控制、轉移、昇華，讓孩子擁有善解人意的心靈。

陪伴筆記

觀察孩子最近做了哪些與他人分享或是體貼他人的事，然後稱讚他。

你希望孩子在哪些事情上能做到與他人分享、體貼他人，寫下來，然後和孩子一起討論可以怎樣做到。

27 提升孩子的情緒自我管理能力

年節將近，我上菜市場辦年貨，走到巷口見人潮洶湧，琳瑯滿目的年貨等著大家精挑細選。不擅長家務的我也不甘示弱地加入採買行列，說真格的，我還真不知該如何開始選購，正茫然之際，突然聽到有孩子嚎啕大哭和男人粗罵的嗓音，我很好奇，朝聲音方向走去。

原來是水果攤的老闆正邊包水果給顧客，又邊怒氣衝天的責罵蹲在地上的小二兒子，仔細一瞧老闆曾是我的學生呢！我探究結果，原來是老闆不給孩子買烤玉米，因為孩子嘴巴破洞，醫生說不能吃燒烤的食物以免發炎，所以父子雙方各持己見，爸爸生氣，兒子傷心。我笑著把孩子拉開，帶著他逛到玉米攤，買了水煮的玉米給他吃。小孩滿足開心的大啃起來。回到水果攤，老闆感激的說：「謝謝老師！」

無獨有偶，我轉到角落的肉攤，看到女老闆和國中的女兒正熱烈鬥嘴，而且吵得面紅耳赤，顧客皆閃得遠遠的，唯恐被波及。頓時我內心燃起一個思維——情緒管理的教育已經到刻不容緩的地步了，尤其是在中小學階段，幫助孩子瞭解與管理自己的感覺，並且讓他們懂得以「好情緒好態度」對待別人，是很重要的。

那麼爸媽該如何提升孩子的情緒自我管理能力呢？個人淺見如下，請參考：

傾聽孩子，展現同理

親子緊密關係始於傾聽。除了「哇！我懂了。」、「是真的嗎？」、「你感覺怎麼樣？」、「你繼續說。」以上是鼓勵孩子繼續表達的話語，其他的就吞回肚裡，不要多發表意見。

養成從孩子的觀點來看事情，可讓孩子感受到被尊重，也可幫我們瞭解孩子行為背後真正原因，更有助於調節情緒，不會直接對孩子抓狂；或許好好聽完孩子的話之後，就會發現事情沒那麼糟，孩子也較不會產生敵對之心，彼此雙贏。

父母還可藉由同理孩子的感受，來安撫他當下的心情。例如：「媽媽知道你很生氣，因為你現在想吃冰淇淋」、「你現在很難過，因為你很想繼續打電動，對嗎？」有時候，這樣簡單的話就能讓孩子平靜下來，多練習幾次就會發現親子好好溝通沒有那麼難。

睡前談心，彼此取暖

試著把孩子的睡覺時間往前挪一點，就可有時間在熄燈後和他在床上談心。睡前談心是彼此充分相伴又富安全感的時光，不論是聊在學校發生的事，或是你早上對孩子說話的語氣有點生氣，或是他在擔心明天的考試……父母都可以利用睡前時間察覺孩子內心在糾結什麼。

但父母其實不需要馬上幫他解決問題，只要傾聽，讓他知道爸媽瞭解他的心情，並保證明天會跟他一起解決他焦慮的事；父母隔天記得一定要處理。一旦這麼做，你會訝異的發現親子關係急遽升溫。即使孩子大了也不要放棄這個習慣，深夜是青少年唯一會敞開心房的時機。

專心陪伴，品味共處時光

我們大部分都只用一半的精力在注意當下，但我們的孩子大約一千個星期後就會長大，離開家庭。等我們意識到時，他其實已經準備要離開了。試著這麼做：跟孩子互動時，百分之百專心在他身上，享受當下，忘掉其他塵務。

生活中有很多時刻都可以跟孩子培養關係，只要把速度放慢，就能一起享受共處的時光，例如在打果汁前，你先把蘋果拿給孩子聞聞味道；或是幫他洗手時，也把自己的手放在水龍頭下，一起享受沁涼的水滑過彼此手心的感覺；

或是聞聞孩子的頭髮，聽聽他的笑聲，看看他的眼睛，用心體會彼此，分享你們之間深厚的愛，和孩子創造出越多融化人心的美好時光，就能越來越活在當下。

陪孩子一起找情緒出口

我們成長中都有過類似經驗，憋住的情緒可能變成暴力或自卑，不如給孩子多一點時間宣洩。華人環境中含蓄的文化很少教我們如何處理負面情緒，我們總是被教育「不能表現出來」、「不能哭，不能生氣」、「不能軟弱」……，於是很自然也拿這一套來規範孩子，但其實沒有被表達或釋放出來的情緒，憋在心中很容易內傷，甚至默默長成暴力或自卑。

在不傷害他人的情況下，給孩子多一點時間，陪在他身邊，讓他知道他可以安心的宣洩情緒，是很好的協助，也是非常珍貴的教育機會。當孩子難過的時候，可以這樣說：「如果難過就先哭一下，媽媽陪著你。」孩子生氣的時候，給他一個安全發洩的建議：「生氣的話可以槌這個枕頭，或敲敲大熊熊，發洩一下。」讓孩子的情緒有一個出口。

親子雙方能適度表達很重要，等孩子發洩得差不多，我們可以擁抱他，和他一起做深呼吸，讓孩子知道用說的比用哭的有效。千萬別在孩子情緒失控時說教，當孩子平靜下來後，他才能把你說的話聽進去。透過一次次教導孩子正確表達情緒，慢慢的，孩子就會知道清楚說出自己的需求和想法，比起哭鬧還能達到目的。

陪伴筆記

家中的孩子最近一次情緒失控是什麼時候？原因是什麼？當下你是如何處理的？把這些都寫下來，然後再想一想，是不是有更好的處理方法。

28

用集點數激勵孩子正向行為

放暑假前，為了讓孫兒有效學習而不會虛度假期，我為上班的兒子媳婦想好策略，我將在學校經營班級時用的「集點數」在家實施。這方法很有趣，兩個小孩也很開心地願意嘗試，分享給爸媽們。

✦規劃計點項目

首先設計一張表格，依他們的生活習慣，列入一週中每天都要做的事：（表格可參考p53）

週一至週五：早上八點起床，認真刷牙、洗臉、洗手、換下睡衣穿便服。

運動二十分鐘。八點五十分前吃完早餐。達成一項加一點。

九點鐘開始正式課程：預習國語和數學，複習英語。每節課四十分鐘，休息二十分鐘。達成一項加一點。

下午一點半開始：閱讀課外書，寫閱讀心得或口頭分享，練習鋼琴。每節三十分鐘，休息二十分鐘。達成一項加一點。

下午四點開始自由活動：運動有流汗。達成加一點。

晚上九點前躺在床上，九點半前睡著。達成加一點。

星期六、日安排看電視、玩電腦或玩自己喜歡的玩具。每四十分鐘要休息二十分。必須和螢幕保持距離，且輪流玩，不吵架。每項完整達成加一點。

加分項目：

- 主動幫忙做家事，如擦桌子、收碗筷、掃地、晾衣服、摺衣服、倒垃圾等。達成一項加一點。

•主動閱讀中文、英文的課外書或故事書，須讀完而且和家人分享圖書大意。達成一項加一點。

•在家有特殊行為表現，例如早上起床看到家人主動打招呼、道早安；晚上睡前會主動說晚安；在家裡撿到錢或貴重物品會馬上交給大人；看到親人疲累或不舒服，主動上前關切或捶背等行為表現。達成一項加一點。

以上實踐要點和孩子們討論，獲得他們同意後，貼在冰箱門上，請他們每天誠實依自己做到的項目打勾，同時說清楚一週結算和統計一次點數。每一點可以換3元零用獎金。

激發實踐動力

暑假執行運作下來，我的發現是：

第一週，他們在家會東摸西摸的，不是休息超時，就是提早下課。但我用嚴謹的態度執行，統計結果：大孫十五點，小孫只有十點。雖然領了獎金，但他們信誓旦旦說會努力，力求下週表現更好。

接下來，他們兄弟倆團結合作，互相提醒，投機取巧的狀況逐漸減少，而且大孫還帶頭自動幫忙擦桌子、收碗筷等家事，小孫見哥哥的加分欄增加了好多點數，也拿起掃帚幫忙掃地。第二週成果：大孫二十六點，小孫也有二十點，兩人果然潛能無限！

第三週令我更驚訝，兩人愈來愈上道，前五欄的生活習慣幾乎完全到位，而且最難得的是週六日的加分格也填了不少，當然他們必須具體敘述實踐了哪些事，符合規則才可加分。兄弟倆的點數累積進步神速，大孫累積三十六點，小孫有三十點。過程中，我發現他們已經學會了自主學習和表達技巧。

到了第四週，優質的生活習慣、主動學習和服務態度，幾乎已經固化在他們的腦海，深化在他們的心裡。我不必再提醒，他們全自動上軌道了。正好符應專家們的研究：凡事只要做上二十一遍，就會完全熟練，固化行為變成習慣，讓大人們都大大的鬆了一口氣。

✦檢核正向鼓勵

當我週日簽名畫押時，都會大力讚美他們努力的過程，而不是只看重最後的點數，才能讓孩子把焦點放在主動去做，更讓孩子加深印象，瞭解我們期待的是他們什麼樣的行為。例如孩子會謝謝爸媽說：「您辛苦了！」此時就可跟孩子說：「我覺得你會感恩這件事真的很棒。」讓孩子知道自己可以朝向好的社會性能力前進。

家長們也可將認可的好行為編入集點項目，規則雖然沒有訂得非常嚴謹，但討論的過程正可訓練孩子的敘述力。「集點變現」可讓孩子學習如何存錢記帳，分辨「想要」和「需要」的不同，或學習適時發揮愛心幫助需要的人。利用學中玩、玩中學，從日常生活建立好的價值觀，不知不覺中輕鬆養成好習慣，家長們不妨把握暑假或寒假試試看！

陪伴筆記

試著畫一張你家孩子專屬的集點表格吧，這張表格可以是他每天或每週的行程。

Part 3

學習教養篇

啟動孩子的學習潛力，從學校到家庭，讓孩子從小愛上閱讀與持續學習的熱情。同時引導孩子透過課業學習，把所學運用在日常生活中來解決問題。

29

提高閱讀素養，家長陪伴力量大

閱讀是改變氣質和充實多元智慧的利器，但閱讀不是自然具有的能力，而是人為介入的結果，必須靠後天學習，尤其需要從小建立習慣。我在教育界服務了五十多年，家中培育了四個孩子，一路走來對閱讀陪伴有些心得，必須讓孩子發現樂趣，才能享受閱讀的快樂。

親子共讀可以這樣做

從孩子學齡前，我就安排固定的共讀時間，多半是說故事給他們聽，透過音色的改變，扮演不同角色對話，加上生動的肢體表情，往往逗得孩子開懷大笑，還不斷嚷嚷「我還要聽！我還要聽」，逼得我只好不斷的創作和表演。當年和孩子們有趣的互動場景，至今仍深刻收藏在我心底。

在孩子成長的過程中，與人相處經常會碰到一些問題，像是沒有自信、容易與人發生衝突、不敢嘗試新事物等。對於缺乏人際互動經驗的孩子，透過閱讀可啟發他們不同的想法。

比如，孩子四歲時，我曾透過繪本中可愛動物們遭遇的有趣事件，陪孩子用不一樣的視角，化解遇到的不同困難，像是《心裡的獅子》等新動物寓言，這個系列的繪本內容幽默誇張，有助於孩子建立自信與勇氣，學會分享與友誼。

接續用文學或科普的繪本上場，在孩子拿到書時，請他不要急著翻開來看，而是先透過封面上的圖畫和文字來猜內容，這樣較能激起好奇心。比如《扁嘴巴與尖嘴巴》封面上有三隻大小不一樣的動物，大鵝吹泡泡，旁邊有彷彿在說話的小雞和小鴨，請孩子猜猜牠們在做什麼？

當孩子急切想知道內容時，再陪著他一頁頁的翻閱，同時討論角色，問問他：「你喜歡哪一個？」、「你猜牠們發生什麼事？」、「如果遇到像小鴨一樣的情況，你會怎麼辦？」當孩子的預測和結局不同時，他可能會顯得很懊惱，這時家長的態度非常關鍵，不要給孩子難堪，不妨微笑告訴他：「每個人都有不同的想法，你很會說故事啊！你的故事很精彩！真不錯！」

通常聽了這番話，孩子就會釋懷，此後拿到其他繪本，就敢大膽想像並說出自己的猜測。未來更可進階，讓他獨立「重述表達」看完的繪本，強化和訓練他統整、記憶、口語表達、後設認知的能力，會讓孩子充滿成就感。

小學低年級的閱讀目標

低年級的孩子在學習上，就像一張白紙，為了兼顧閱讀的廣度與深度，避免閱讀偏食，就必須鼓勵孩子多元繪本的閱讀，啟發孩子的想像力和觀察力。

這時可讓孩子開始學習自理，相關的繪本有「歪歪兔獨立成長童話」系列，故事中將孩子入學前後會面臨的主要困境融入其中，幫助學齡前和小學低年級孩子快速適應小學新環境，和自我角色的轉變。

這階段要教孩子認識情緒，描述自己的感受，就是管理自我情緒的開端。我推薦孩子必讀的情緒管理的繪本是：《氣噗噗》、《別傷心，我會陪著你》、《我學會感謝》、《我好害怕》、《小孩也會有煩惱》。如果小朋友對找圖形或解題目有興趣，應該很容易愛上《屁屁偵探繪本》，這系列的作品是培養孩子的觀察力與注意力，以及理解力的解謎趣味繪本。

二年級的孩子閱讀呈現上要達到「分享閱讀內容」的目標。這階段可以繪本閱讀為主，橋梁書為輔，從文字與圖案並重的基礎上，逐漸增加文字閱讀量，例如《孫悟空》、《綠野仙蹤》。指導孩子要說出故事的內容外，還要提到個人對角色、內容的喜好或心得感想，逐步建立孩子的閱讀能力，提升閱讀素養。

小學中年級的閱讀目標

目前小學低年級主要領域有國語、數學、生活跟健體，到了中年級會增加自然與社會。對於中年級的孩子來說，將複雜抽象的知識轉化成通俗易懂的科普繪本，就像是開啟科學大門的第一把鑰匙。

配合孩子的課程，我推薦親子可共讀《植物的旅行》，書中透過擬人化的小故事，將九種不同植物的繁殖方式介紹給孩子，很適合做為低年級到中年級的橋梁書。此外，鼓勵孩子多閱讀兒童文學名著，像是《湯姆歷險記》、《金銀島》、《西遊記》、《三國演義》等，一開始可以找文字較少且有可愛插圖的版本，有助啟發孩子的文學素養。由於現代孩子更容易被影音吸引，我也會選用世界名著改編的經典卡通，引導孩子透過動畫、影像來提高對文本的興趣，再引導他們進入純文字的領域。如此一來，孩子就能在不知不覺間養成閱讀習慣。

小學高年級的閱讀目標

到高年級時，因為社會領域教材已經進入臺灣歷史，除了經典文學外，我推薦看臺灣歷史童話或歷史漫畫類的書籍，透過幽默的畫風及介紹，讓孩子更容易接受艱深的歷史，對於結合將來學科及建立歷史觀有很大助益。

如果孩子能力許可，不妨引導他進入小說世界，如金庸的武俠小說，因為金庸的文筆介於文言與白話間，人物複雜，過招中經常套用成語，對白也夾雜詩文。孩子看這類小說，閱讀力絕對倍數提升。

此階段我常會引導孩子「自我提問」、「直接推論」和「詮釋整合」、「比較評估」、「摘要」、「詰問作者」等策略，來統整和追蹤孩子閱讀的理解和素養。

在深耕孩子閱讀經典的興趣時，我也會以心智圖、六何法或摘要等閱讀策略來輔助引導。心智圖就是教孩子定出一個主題，在白紙上繪一個圓形，把主題寫在中心，可上色將主題突顯。然後在中心點引出支線，把任何有關這主題的觀點或資料寫上去。結構上具開放性及系統性特點，可讓孩子自由激發擴散性思維，發揮聯想力，又能有層次地將各類想法組織起來，刺激大腦做出各方面的反應，從而得以發揮全腦思考的多元化功能。

六何法就是孩子在閱讀的歷程中，用「何人？何時？何地？何事？為何？如何？」這幾個問題自我提問，整合文章的重要訊息。例如《三隻小豬》的故事可提問：主角有誰（何人）？三隻小豬長大了（何時）？想去哪裡（何地）？做什麼（何事）？豬大哥、豬二哥和豬小弟分別是用什麼材料蓋房子（何物）？大野狼是怎麼弄倒豬大哥、豬二哥的屋子（如何）？大野狼最後為什麼逃走了呢（為何）？從三隻小豬這個故事當中，你有學到什麼嗎？你覺得最後三隻小豬住在一起這個結局是好的嗎？為什麼呢？

摘要策略就是孩子在閱讀文本後，能找出主旨及重點。從文章或故事中讓孩子找出他們認為最重要的東西或部分。為什麼這是最重要、有什麼東西與這個重點有關的，例如：敘述事情的重點在於原因、經過、結果三要素，這樣孩子就可以按圖索驥找出重點了。以《白雪公主》故事為例：

「原因」：一位公主的母親去世了，國王又娶了新皇后。皇后妒忌白雪公主的美麗，派獵人殺白雪公主。

「經過」：但獵人放走了白雪公主。白雪公主來到七個小矮人的房子，和七個小矮人建立了友誼。後來皇后知道白雪公主並沒有死，就裝扮成賣蘋果的婦人，毒死了白雪公主。七個小矮人好傷心。

「結果」：幸好王子遇見了美麗的白雪公主，吻醒了她。他們從此過著幸福的生活。皇后知道後就被活活氣死了。

在每個階段，我都以有效的理解策略來漸進引導，從文本中「找一找」開始，帶領孩子統整並「說出主要的」文章概念；透過「為什麼」與「想一想」，解釋文本的表層訊息與深層涵義，並用「你認為」再次思考，學習推論與省思，說出觀點與看法。平日也可教孩子將看到或聽到的名言佳句，記錄下來做成筆記，更可提醒孩子隨時連結自身的背景知識。透過邊讀邊問自己問題及回答問題，監督自己的閱讀理解。充滿智慧的爸媽，一起來努力，引領孩子自然的愛上閱讀。

陪伴筆記

記錄孩子的閱讀習慣（像是可以安靜多久時間，或是一直需要有人陪伴……）；喜歡的書籍類型（故事繪本類、科學知識類、大自然生態），可以由此發掘孩子的興趣等；以及詢問孩子為什麼喜歡這些書，協助他們記下這些感覺。已經會寫字的孩子們，可以請他們自己寫下看了哪些書，為什麼喜歡這些書，書中印象最深刻的是什麼。

30
學習動機決定學習成敗

我曾經到日本東京「學習共同體」的發源聖地濱之鄉參訪。「學習共同體」是指一個由學習者及其助學者（包括教師、專家、輔導者等）共同構成的團體，他們彼此之間經常在學習過程中進行溝通交流，分享各種學習資源，共同完成一定的學習任務，在成員之間形成相互影響、相互促進的人際聯繫。

令我印象深刻的是，日本孩子們認真探究、觀察、做筆記，很專注聆聽同儕的分享和發表，討論雖然熱烈但大家音量都控制得很小，每個小腦袋都在進行思考。老師在行間巡視，傾聽孩子的發言，必要時蹲下來引導，最後老師做綜合統整及概念的澄清。大家都很開心的在學習。教室也打開大門，成為可以共同觀摩學習的現場。

這種方式讓我驚喜的發現：孩子對於「知識概念，自動理解轉化」的程度，勝於老師長時間「無趣的解說」。孩子這麼主動的學習，教室中怎麼可能會有學生是「客人」呢？

找到學習動力

當我看到這個翻轉「學與教」的精采狀況後，非常感動，不禁思考台灣孩子的學習過程，他們的熱情和動力在哪裡？經營學校時，不時會聽到父母反應小孩不想去學校，做功課時間更成為親子耐性的角力戰，其實學習有問題的孩子並非天資愚鈍，通常是缺少學習動機。每個人都有驅使他做好某些事的內在動力，這股動力會提升孩子學習的興趣和毅力。

根據研究顯示，自動自發學習的孩子，平均成績優於那些不想學習的孩子，且獲得更多樂趣。學習動機會幫助孩子發現自己的熱情，擁有這樣的正面循環，一輩子受益無窮。

促進學習動機的方法

每當我看五歲的孫子很安靜且開心的在組合車子，並將之變成機器戰士時，眼神充滿專注和熱情，這就是孩子學習的魅力。家長們一定都很想擁有一個學習動機很強的孩子，不妨參考以下的方法：

將學習遊戲化：首先，我們要將孩子的學習遊戲化，來增強學習動機。最好的方式就是讓學習變得很有趣。例如你要訓練孩子上半背部肌肉的持續力，與其強迫他每天無聊地將雙手舉高一百次，不如將氣球吊在高處，讓孩子去抓十分鐘。將訓練變成遊戲，孩子既能玩遊戲，又可鍛練他所需要的體能，這時叫孩子停下來，他反而還不願意呢！

不要剝奪孩子的生活學習機會：如果我們凡事幫孩子打點好，他還要做什麼？孩子不會的原因是他不願意學，還是沒有機會學呢？幫助孩子最好的方式，絕不是無微不至的照顧，而是讓孩子學習如何照料自己，進而發展出自信心和責任感。建議父母在日常生活中多讓孩子學習自理，例如：早餐自己拿杯子倒牛奶、把吐司放進烤箱，用完餐後，要將碗盤拿到廚房水槽，大一點的孩子可以練習清洗及晾乾，練習做事有始有終的態度。

協助擁有成功經驗：成就感是孩子的內在動機，比起獎品或禮物引發的學習更有幫助。因為往往當獎賞消失，孩子的學習動力就減退，但內在的成就感能讓孩子的學習永續。

有一次，大孫放學回家，迫不急待地告訴我：「他獲選代表班上參加抽題的演講比賽。阿婆，怎麼辦？我好緊張！」我陪伴孫子面對挑戰，我們先將老師公布的六個主題，各編寫每篇一千字的文章；然後我做了六個籤，讓大孫抽題演講，練習在五分鐘內演講完畢。在這樣類似遊戲方式的練習後，大孫充滿自信的上台；當天他抽到的題目是「我最崇拜的無名英雄」，因為上台緊張，中間雖然有點忘稿，但因為賽前的編稿和練習，靈感馬上湧出，很快接續侃侃而談，最後榮獲第一名。孫子很開心獲得這個金錢買不到的成就感。

成就感是一點一滴累積而成的，所以我們不要忽視孩子小地方的學習，多給孩子鼓勵讚美，讓孩子擁有成功經驗，這些點滴累積的成就感會循環促成下次更大的成就。

最後，提醒家長要將重心放在過程，而非結果。孩子很努力，結果卻不理想時，父母千萬不要責怪或諷刺孩子說：「你到底有沒有在念書，怎麼只考這樣？」孩子聽了會很傷心。最好溫柔的對他說：「你那麼認真，心裡一定很難過吧！別擔心，這次大概運氣不佳。下次一定會進步的，加油！」

動機與成功密不可分，當動機增強時，成功的可能性就會提高，當成功的經驗增加，動機也會隨之強化。讓孩子在小事上多累積一些成功的經驗，是很重要的功課。

陪伴筆記

觀察看看自己的孩子在哪些方面特別有興趣（天賦）。
想一想可以怎麼做，來幫助孩子找出他的興趣。

31

培養人文素養，看見更好的未來

有一次到日本濱之鄉小學觀課，課堂中看見小朋友都熱情的討論，但整體來說，聲浪小得出奇，僅足夠對面同儕專注的傾聽。回到台灣的教育現場，在課堂中看見孩子分組自行討論時，很容易出現一組比一組分貝高的現象，造成了隔壁班上課非用麥克風不可的狀況。為什麼同樣是學生在教室進行分組討論課程，卻有這樣大大不同的風景呢？這與是否具有尊重與聆聽的人文素養有關。

回想在學校時，每天晨曦中在校門口迎接學生上學，對他們綻放笑容時，大部分孩子與家長都會回饋更燦爛的笑容，僅少數家長酷酷的沒表情。偶爾還會有令人驚訝狀況，家長為圖方便或不捨孩子多走點路，就把車子停在學校正門口，既妨礙交通，又影響其他孩子的安全。最尷尬的是，孩子下車後會很不好意思的說：「我爸媽就是不聽我的話呀！」所謂身教重於言教，這是人文素養不好的示範。

有一次，我在廣播中聽到一位主持人訪問西方學者亞伯特・馬伯藍比（Albert Mebrabian），分享他研究出的「7／38／55」定律。這位學者表示，我們在第一次跟某人見面時，對方說話的內容占7％，外表服裝占38％，氣質占55％。換句話說，我們給人的第一印象是氣質，第二是外表，第三才是說了什麼。這理論雖然不見得完全正確，但的確點出氣質的重要性，而氣質來自於內在的人文素養。

家長在日常生活中要多提醒孩子：「說話的內容要言之有物，平常要多閱讀，多涉獵各類型的知識。」尤其透過親子共讀，討論書中人物的優雅互動與對話，是最好的學習機會。外表服裝不用名牌，但一定要整齊乾淨，同時穿著要適合場所。像是體育課要穿運動服一樣，在國外有些餐廳也有衣著等規定，如果有機會到國外旅遊，不訪找機會和孩子一起穿上正式的服裝，帶孩子上一間高級餐廳，體驗當地飲食文化，也學習餐桌禮儀。這些過程是要讓孩子學習禮儀，也學會尊重他人，所以要注意，不可變成孩子打卡炫耀的目的。透過這些生活體驗，孩子的氣質在潛移默化中就會自然養成。

以人為核心思維

台灣是個過動的社會，任何事情發生，馬上群起騷動。人如果盲目追逐，就沒有時間靜下來去思考，更不可能將浮躁的心沉澱下來。要培養優雅的氣質，就必須學會安靜。因此，我認為培養人文素養比學習課業更為重要，如果從小未給孩子以「人」為核心、尊重與關懷思維的習慣和修養的話，那麼要他長大後有品德，恐怕比登天還難。

如何培養孩子在生活中適切表達自己的想法，善於與人溝通，並能同理與尊重他人想法呢？父母師長可安排孩子在不同的學習活動中，透過語彙、文字、數字、圖畫、圖表、歌唱、音樂或肢體動作等表徵符號，表達感受與想法，察覺每個人的想法與擅長皆有所不同，學習理解與尊重他人的想法，並以合宜的方式來進行溝通。

親師合作，從基礎習慣做起

學校可以透過課程與教學來發展孩子的人文素養，安排有趣的教學活動，如知性與感性的教育課程，讓孩子在過程中互相討論、溝通，學會尊重、包容與關懷，愛自己也愛別人。校慶活動推出藝術主題課程，讓師生一起思考和創造，將才能和社區分享；同時融入其他領域，教師善用優質教學策略與多元評量方式，幫助孩子有效學習及發展人文素養。

日常生活中，父母必須親身示範。從早上起床，爸媽要心情愉快的和孩子互道問安，面帶微笑。與人對話時，要專注看著對方，輕聲細語，這是基本禮貌。待人接物要能以同理心體諒與包容他人，經常說「請，謝謝你，對不起！」萬一有任何閃失，用笑臉來賠不是。讓孩子從生活中培養高EQ，以及敏銳的察言觀色的能力，這就是孩子能帶得走的人文素養智慧。

陪伴筆記

怎樣提高孩子的人文素養？

簡單的說，可以從孩子的個人禮儀做起，包括個人服裝、儀容、儀態，待人處世，人際溝通、交往等方面。層次再深一點就是要培養自己的修養，建議多閱讀，吸收廣博的知識，提升孩子藝術、文學方面的素養，心智凝神定氣，不驕不躁。總的來說，把自己當做一個優雅、有禮、有品的人來要求。

32

聽讀寫思，訓練孩子的口語表達力

我因為擔任課程督學職務，必須到各校訪視，最重要的任務是配合十二年國教課綱，入教室觀課、議課。前不久，我在新竹市某校觀國語課時，發現課堂老師很有智慧且專業，經過老師核心關鍵的語文提點後，學生分組合作學習，全班熱烈而專注的討論，尤其各組分享報告時，孩子流暢的口語表達及靈活的思辯能力。讓我不禁感嘆目前我在大學教課時，大學生的口語表達和主動開口的勇氣竟然輸給小學生呢！

說實在的，檢討起來，應該是過去學校教育偏重讀和寫，而忽略了聽和說的訓練，說話課只是國語文教學的附屬品，上不上都無所謂，孩子無法得到專業系統化的口語表達訓練。事實上，口語表達力是語文能力的前導，口語表達的聽、說訓練又是讀寫文字的基礎。在進入大量讀、寫階段前，應先奠定聽、說的能力，給孩子足夠的語文學習能量。親師透過好玩的情境，來啟發孩子的語言表達能力，讓孩子在快樂的氛圍中學會自信表達。

當下，我馬上請教那位老師訓練孩子願意開口、會表達的辦法，融合我五十幾年教職中訓練出無數在全國語文競賽中出類拔萃的說話高手的祕訣，整理分享如下：

首先，我會讓孩子學會專心聆聽。「聽」是說話的開始，要能看著對方安靜的聽、聽出說話的順序、分辨說話者的語氣和腔調、記住說話的要點、能聽出重點。人腦處理聽的速度約為說的六倍，告訴孩子與他人對話時，應該保持目光接觸，肯定點頭，或報以適當的面部表情；可以適當發問，但避免打斷對方說話的技巧；提醒孩子用自己的話重述一次，如「你的意思是……」、「你是否認為……」。同時教孩子謹記三不原則：不批評、不責備、不抱怨。

其次是多閱讀、多背誦。想練就金口才，要先豐富自己的頭腦，閱讀就是一條捷徑。俗話說，看遍萬卷書，出口可成章。鼓勵孩子多元閱讀，如各類繪本、名人傳記、科普書、文學名著等，提高孩子的內涵。家長可幫孩子選購適合他們閱讀的各類型書籍，在家營造閱讀的氣氛。孩子在閱讀時，爸媽不可在旁邊滑手機。當孩子閱讀完畢，可藉機和孩子多互動，問問他書裡的內容、哪些是他感興趣的，這樣也能讓孩子練習表達能力。

背誦可啟動孩子的記憶細胞，強化記憶能力，還能幫助孩子養成良好的語感。建議讓孩子多背一些唐詩宋詞、名言佳句、東西方諺語等，這些短小精悍的文字內涵豐富且用詞唯美，如果背多看多了，不僅可讓語言由生硬變得生動，孩子的心靈也會受到滋養和薰陶，性格裡也會多些感性。爸媽不妨和孩子比賽詩詞接龍，偶爾假裝背輸孩子也是親子間的一種樂趣喔。

最後是多動筆及思考。古人曾說：「訴之筆端，半折心始。」意思是，心裡好多話想說，但真正寫到紙上的也就只有一半。從提高語言表達能力的方面來講，寫文章可以過濾心中繁雜的想法，留下精華，這樣一來就能釐清思路，將心中所想用語言清晰的表達出來。

多思考也很重要，在表達一種想法、介紹一個計畫前，最好先仔細思考提出這個想法的原因，想想這個計畫的可行性和難易程度等，有了系統化的思考，思維能力和邏輯性會逐步增長，語言表達也會更加條理化。

如果想要訓練孩子表達解決問題的策略，建議父母能陪同孩子一起找出問題的根源是什麼？像是有一次小孫想向哥哥借漫畫書，但是大孫卻不肯借，還對弟弟發脾氣，這時我就透過提問的方式，幫助孩子釐清問題發生的原因。

我問小孫：「為什麼跟哥哥吵架呢？」

小孫：「哥哥很小氣，都不借我漫畫！」

我再問：「哥哥為什麼對你發脾氣呢？」

小孫：「因為我把哥哥的玩具弄壞了。」

我再問：「那現在應該怎麼辦呢？」

小孫：「先去跟哥哥道歉。」

透過漸進式的引導，陪同孩子逐步找出問題所在，再開始進行下一個步驟。我讓小孫學習自己想辦法，想出最佳的解決方案。假設小孫已經向哥哥道歉了，但哥哥還是不願意將漫畫書借給弟弟，此時可以透過以下方式，刺激孩子思考。我會跟小孫說：「你很棒喔！勇於認錯。沒關係，那我們一起來想想怎樣才能借到漫畫吧。」

我建議各位父母在孩子表達解決方案的同時，不要急於否定或肯定，讓孩子多一些思考的時間，想出不同的解決方案。同時陪同孩子透過實際的演練，幫孩子增加自信心，並鼓勵他們可以勇敢的去行動，學習勇於承認自己的錯誤，同時努力去落實自己所想出來的計畫。比如當時我陪著小孫演練向哥哥道歉：「對不起，把你的玩具弄壞了，我賠你一個新的玩具。我不會把你的漫畫書弄髒，可以借給我嗎？」

最後父母再出手協助孩子調整與抉擇。要教會孩子適度的語言表達，沒有特效策略，只有一步一腳印的引導，不斷的提醒與練習，才能日積月累的儲蓄能量。

陪伴筆記

讓孩子挑選一本他喜歡的書（各類型的書都可以），或是挑選一本適合孩子年紀的有聲書，播放給孩子聽，陪他一起看完。然後請他試著寫寫看心得，年紀小一點的孩子，若還不會寫字，可以請他說出書裡的內容。

33

掌握說故事方法，讓孩子愛上閱讀

週日一大早，從客廳隱約傳來小孩嘻嘻哈哈的聲音，我躡手躡腳走進客廳，瞧見九歲的大孫子正口沫橫飛地為五歲的小孫子說《大灰狼》的故事。大孫擠眉弄眼逗得弟弟哈哈大笑，連我也被逗樂了。我不禁想起，這個故事是我在大孫五歲時常說給他聽的，他竟能唱作俱佳的重述，令我十分驚奇。由此可見，好的故事能陪著孩子很久。

我從小就喜歡聽故事，也喜歡說故事；我的孩子說我是「故事媽咪」；年輕時在課堂上，學生稱我是「故事老師」；經營學校時師生稱我「故事校長」；如今在大學教大學生說故事，他們叫我「故事教授」。在新竹經營科園國小時，「到校長室聽故事」是學生們每年兒童節最期待也最受歡迎的禮物；在經營東門小學時，「到校長室聽故事」是畢業生難忘的禮物；其實我最開心的是看到孩子在聽故事時流露的專注眼神、會心微笑或感同身受的表情，自然而然沉浸在故事中的世界。

每個孩子天生就對故事感興趣，「說故事」是親師的一門必修課。說故事給孩子聽，不僅能建立良好的師生、親子關係，還能激發他們的想像力、創造力、思考力及表達力。以下分享跟孩子說故事實用的策略：

熟練腳本，生動說：首先要瞭解聽故事的對象、時間和情境，一定要配合孩子的心理和生活經驗，說出他們聽得懂的詞句，讓孩子參與在故事中，才容易產生共感。重要的是要有充分的準備，對故事內容、情節及結局瞭若指掌，過程中適時營造氣氛，帶孩子進入故事的情境，讓他彷彿看到火焰山出現在眼前，孫悟空正揮動芭蕉扇。

變化招數，多互動：接下來是要拿捏講故事的技巧，例如加上背景音樂或音效、善用圖片、紙偶、布偶等道具。最重要的是，說故事時一定要注意與孩子保持眼光的接觸，設計簡單的互動，適切引發思考和對話，讓孩子能分享心得與回應。

欣賞插畫，再認字：說故事的目的是讓孩子喜歡上閱讀，懂得欣賞書中的插畫，理解情節，學習問題解決方式。等孩子充分享受閱讀樂之後，只要空閒時給他們書本，他們就會自行閱讀，變成一種生活習慣。你將會發現孩子的言談內容也會愈來愈豐富。漸漸的，家長就可以減少介入，讓孩子學會獨立閱讀。

每個人的人生都是一個故事，我們也都是聽故事長大的。要教會孩子說故事並不難，最重要的是父母要啟動說故事的本能，掌握適當時機說故事，並與孩子互動，不僅能促進親子感情，建構孩子說故事的能力，更能圓融家庭氣氛。我真心期待每個家庭都有精彩感人的說故事時間。

陪伴筆記

很多人問我，該如何讓孩子喜歡閱讀，遠離電視和電子產品？

我認為要先讓孩子不會感到無聊，可在家中為孩子營造閱讀環境；我就在家裡客廳的一角布置了閱讀區，書架的上層擺放大人看的書報雜誌，下兩層擺放給孩子看的繪本與故事書。當孩子們不知道做什麼的時候，我就會說，去找一本書來看看啊！

父母陪伴時不能看電視和滑手機，而是和孩子一樣閱讀自己喜歡的書，或是做家事。假日我也會帶孩子去逛逛書店，或是到社區的圖書館借閱書籍，這些都不需要花很多錢或時間，但卻能將閱讀慢慢帶入孩子的日常生活中。

34

培養孩子專注力的實用策略

這學期大孫升上二年級，每天放學回家寫功課，成了他最不開心的時刻。尤其觀察他回到家時的臉部表情最精準，當他眉開眼笑時，肯定是功課少或在學校已完成；如果愁眉苦臉，必定是功課很多，讓他焦慮不安。

我觀察他寫功課的流程，他老是左顧右盼，最讓他分心的是弟弟拿走他心愛的玩具，他會立刻停止寫字，暴衝似地跑去和弟弟吵個沒完。他這樣不專注，功課當然花了很久時間都寫不完。

在經營學校時，有一位學生阿維讓我印象深刻。他的奶奶曾跟我分享，阿維在家裡能做十道菜給全家人享用。有次他還帶了一些菜請我品嚐，我非常驚訝，阿維才十歲，但他做的梅干扣肉色香味俱全，一點都不輸大飯館的主廚料理。阿維奶奶說他光是洗梅干菜就花了一個小時，在料理的每個過程都很用心。阿維能有這麼出色的表現，應該是專注力發揮的功效。

如何提高孩子的學習成效呢？第一步要培養和訓練孩子的注意力，養成專心致志的習慣。以下提出幾項建議：

安排學習的細節

布置學習情境：首先，父母要提供孩子一個安靜單純的學習環境。書桌上除了文具和書籍外，不應擺放其他物品。書桌前方除了張貼與學習有關的教材，如地圖、九九乘法表、拼音表格外，不要張貼其他會吸引孩子注意力的圖案。書桌上也不要放鏡子，免得寫一寫功課就顧影自憐；更不能讓孩子一邊做作業，一邊看電視或聽音樂。雖然有些大人常邊工作邊聽音樂，但對孩童來說，聽音樂除了影響他的專注力之外，還會讓他的情緒隨著音樂高低起伏不定，對寫作業或看書都不宜。

規定完成時間：其次是要求孩子在規定時間內完成作業。如果作業真的太多，可以分段完成。有的父母會因為孩子的注意力不能集中而在旁邊站崗，這不是長久之計，更不是有效的辦法，可用懲罰的方式來代替站崗。比如規定孩子如果沒有在時間內完成作業，就不能玩遊戲機或去打球；也就是，他拖延的時間要用他自己玩樂的時間去填補，而不是爸媽也耗在那邊盯著他寫作業，長期這樣，會使孩子產生依賴心理。

但父母要注意，如果在時間內寫完，就用口頭鼓勵他，稱讚「你好棒、你看你可以做到吧」，不可用條件（電玩多打十分鐘、可以吃一支冰淇淋）鼓勵，因為寫功課是他本來就應該完成的事。

注意力能否集中，和孩子的年齡也有關。根據研究表示，孩子注意力穩定的時間分別是：五到十歲是二十分鐘，十到十二歲是二十五分鐘，十二歲以上是三十分鐘。因此，如果我們想讓十歲的孩子一個小時都坐在椅子上，專注的把作業完成，幾乎是不可能的。

排出學習順序：接下來是合理安排學習的順序。根據研究表示，開始學習的前幾分鐘一般效率比較低，隨後逐漸上升，十五分鐘後會達到頂點。根據這個規律，可建議孩子先做一些較容易的作業，在注意力集中的時間再做較複雜的作業。除此之外，還可安排口頭作業與書寫作業相互交替。

注意力集中練習

經驗中，我最推薦的是「觀息法」，操作方式非常簡單：只要閉起眼睛，感受鼻子這個三角形區域裡的氣息。吸氣時，鼻孔、鼻腔內部有一種被風吹過的涼感；吐氣時，也感覺到氣從鼻腔、鼻孔裡吐出來；儘可能把專注力集中在這個位置，然後感受氣的「出」和「入」。此外，讓孩子寫毛筆字、畫畫和下棋，也是很有效的專注力練習。孩子好奇心強，對許多事物都有興趣，但往往很難專注於某事，容易虎頭蛇尾，做父母的我們，也不要操之過急，只要陪著孩子慢慢練習專注力。

這裡要特別提醒父母，不要為了培養專注力，而阻止了孩子的好奇心，例如當孩子在書房寫功課時，日光燈突然一閃一閃的，孩子一定會想探究為什麼，這時父母要告訴他：「先換到客廳寫，功課寫完我們再一起來研究，並非阻止他好奇，而是延緩他探索的時刻。

重要的是父母要用心與孩子相處，積極尋找心靈甘甜的泉源，例如親手為孩子做三餐，假日陪孩子去戶外，聞一聞大自然花草的味道，一起抬頭仰望藍天，看飛機或鳥兒。大人要擺脫急躁的情緒，靜心和孩子說話，孩子才有可能體會大人要求的安靜與專心。大人親身示範的程度愈好，孩子就愈容易養成良好的生活習慣和學習態度。

陪伴筆記

很多研究證明，專心可以集中精神，調動整個大腦神經系統來解決問題，高效率地完成任務。聰明的父母應該為孩子營造單純安靜的環境，找到黃金學習時段，並用心與孩子相處，採取有效的訓練策略，才是培養孩子專注力的上上策。

從今天開始，每天花十分鐘帶著孩子一起練習文章中提到的觀息法吧。

35 對孩子的新年期許

每個新的一年，萬象更新，孩子們逐漸長大，相信睿智的父母們都有嶄新的規劃，反省與反思，去年與孩子的互動是否優質？孩子的學習與生活快樂嗎？孩子在班上與同儕互動的表現是否可圈可點？建議父母在歲末點上一盞愛與關懷的心燈，檢視自己和孩子的關係是否「有愛無礙」。

講求相處的品質

每天或定期，或利用泡澡、溜狗、運動、接送等輕鬆時刻，在良好氛圍下，跟孩子共享心得見聞，談天說地，仔細觀察孩子的喜怒哀樂，耐心聆聽孩子說話，不要急著批評孩子的是非對錯，也不要一抓到時間就想教育孩子，更不要揭發孩子的隱私。

當孩子情緒不佳，父母使勁力氣，孩子仍不願說話時，可用「利他導向」的溝通方式，以他的角度思考，同理他的立場，並當他的後盾，一起解決問題。當你成為受孩子信任且被當做「麻吉」父母時，孩子自然會與你無話不談。

培養孩子的承擔力

讓孩子學會承擔非常重要。某週刊曾經報導：「孩子們正遭溺愛病毒的攻擊，他們擁有的物質比上一代豐富，卻不滿足，還出現負向行為。父母愛孩子容易，但用對的方式去愛卻很難。」換個角度想，生活本來就充滿挑戰與崎嶇，如果不讓孩子從小就有面對的機會，鍛鍊堅毅果敢的個性，那麼當孩子必須獨自承受生命中的各種波濤時，輕如鴻毛的壓力就足以將他擊倒。

因此，父母不要越俎代庖，剝奪孩子的成長，阻遏孩子的學習。在生活中，給孩子探索、嘗試、挑戰、承擔的機會，讓孩子學著打理自己的生活物品。有些孩子很習慣任何事都由爸媽安排打理好，對很多的生活順序並不瞭解。比如繪畫過後，隨便把畫筆扔在書桌不收拾，孩子並沒有「我畫完就要收拾好工具，放回原來位置的概念」，這樣不但造成孩子習慣性的依賴父母，還會養成丟三落四的壞毛病。

所以家長要教育孩子有條不紊的整理自己物品，比如讓孩子學會把書包收拾好，書本與筆盒要分類擺好，檢查是否有遺漏什麼物品，讓孩子有意識的知道上學前收拾好物品是自己的責任。在往後的生活中，孩子就學會事前要規劃好順序，這樣做事起來就井井有條，不會遇到困難就亂了手腳。

抓住孩子的好奇心，培養探索心

好奇心是探索的前提。好奇、好問，渴望透過自己的探索來瞭解世界是孩子的天性。爸媽在生活中要善於捕捉孩子的好奇行為，讓孩子在好奇心的驅使下逐漸增強他對事物的探索興趣。父母要讓孩子對自己感興趣的事物自由開心地探索，例如：他發現為什麼桌子和椅子都是四條腿？當孩子發出這樣的質疑時，爸媽不要直接告訴孩子答案，引導孩子嘗試著思考：「椅子如果變成兩條腿、三條腿或是更多條腿時會怎樣」，讓孩子親自去尋找答案，引發他的探究心。這些都是觸發他們發揮創意、激勵鬥志的契機，藉由這些過程累積出孩子內在的能量。

我常常感慨有些家長愛得太深，擔心孩子失敗，急於幫他遮風蔽雨，一心想為孩子除去荊棘與障礙，讓孩子只要遵循父母預定的劇本演出即可，萬一孩子遇到狀況無法精采演出時，誰該承擔責任呢？

訓練孩子反思力

我們生活在群體中，具有反思力很重要。當孩子在團體中惹得同學很不舒服，爸媽可以問孩子：「如果你是被惹的同學，你是什麼感覺？」適時提醒孩子，要站在別人的立場思考，也要學會把自己的感覺完整講出來。當孩子放學後回到家，主動計畫的能力變好（或變差），父母可以問他：「你覺得自己是進步還是退步？是什麼原因，接下來要怎麼辦呢？」

此時，是考驗孩子分析和覺察自己的進步或退步；或當孩子很想融入團體卻被排擠時，先聽他說一些解決辦法，然後再加以修正引導，也就是讓孩子透過觀察別人而做出改變。

未來孩子要能融入團體，適應社會，才能在世界的舞台上存活，所以現在我們就要盡職責，讓孩子成為一個能面對未來、工作、創意、種種挑戰的人。因此，在孩子年幼時，我們可以把焦點集中在孩子學習知的能力、學習動手做、學習與他人相處、學習自我實現的向度上來努力及強化，養成孩子具有健全人格和正確的價值觀，為孩子點亮迎接未來的心燈。

陪伴筆記

父母在歲末可以檢視與孩子相處的品質，是否有讓孩子學習承擔力和反思力的機會？

並和孩子一起寫下新年的期許。父母寫對孩子的期許，孩子寫下對父母的期待，然後一起分享討論，相信一定可以增進親子關係。

36 讓孩子在聊天中培養對話力

最近回新竹東門國小，在三年級的音樂班觀議課。過程中師生不斷對話，互動中迸發火花，不僅上課氛圍有趣，孩子在刺激下展現動機和學習力，深感上課聊天也是學習的方式之一，而且可以激發孩子的思維組織力和對話力。

回到家，大孫放學帶回了一張八十分的數學考卷，接下來就聽到兒子嚴厲的問：「這題不是昨晚才教過你嗎？還有這題為什麼粗心大意？」兒子看著考卷上的打「X」處，不斷追問：「這題也不懂嗎？」大孫很無奈的低聲回答：「我不小心！」

稍晚，我走到大孫的書房，針對他考卷中答對的題目，稱讚他：「這麼難的題目，你也會算，真不簡單耶！」他卸下心防，話匣子一開，馬上告訴我：

「其實被打X的題目我都會做，只是想快點寫完，一急就粗心大意，以後我會小心！」從對話中，我可以理解他對熱中的事多麼充滿幹勁，也引導他自我反省。

家長和孩子談話時，要注意哪些事呢？

首先要學會傾聽。跟孩子談天時，身體微微傾向對方，看著對方微笑、點頭，加上偶爾的表情變化和手勢等，有時即使什麼也沒說，保持專注與鼓勵的眼神接觸，都可以讓談話更深入。傾聽過程中，請務必記得，不要使用過於簡短的字或斷句回應孩子，例如：「嗯」、「什麼」、「瞭解」，孩子才會繼續與你分享。當孩子感受到大人很用心在聽自己說話，就會受到鼓勵，打開心扉，樂於繼續分享。

其次是不要說教。任何話題只要淪為說教，溝通就中斷了。大人應設法讓孩子對話題保持高度興趣，少評論，多一點提問；多說「你」，少說「我」，就容易讓對話源源不絕。對話中要同理他的感受，避免否定，大人很容易否定孩子的感受，像是以下的狀況：

孩子說：「音樂課無聊死了！」大人絕對不要接著說：「音樂課怎麼會無聊，唱歌、吹直笛都很有趣啊！」相信我，只要你這麼一說，這個話題就聊不下去了！因為當孩子覺得你並不認同他說的，後面的話很容易就嚥回去了。

請試著用這種方式回應：「音樂課很無聊喔，為什麼你覺得很無聊呢？」只要得到了認同，孩子就會繼續說：「我本來以為音樂課可以敲大鼓、看影片，結果都是坐在教室裡吹直笛！」

父母保持中立的語調，同理孩子的感受，往往就可以知道孩子更多的想法，瞭解他的需求，進而引導他解決困境。

第三，善用肢體語言。適當的肢體表達會讓孩子覺得你很重視他，認真聽他說話。如果孩子讀幼兒園、低年級，不妨蹲下來跟他說話；如果是中高年級的孩子，可拉著他的手坐下來談。孩子對於肢體語言很敏感，如果你一邊跟別人談話，一邊敷衍的說：「嗯！啊！」或是一邊盯著手機一邊聽他說話，都顯得很沒誠意，而孩子也會感受到這些冷漠，久而久之，孩子可能就不會再想與你說話了。在我經驗中，大部分的孩子都喜歡：你握握他的手，摸摸他的頭，摟摟他的肩，順順他的頭髮，拍拍他的背等，通常會產生非常正面的效果。

最後要提醒的是，在跟孩子聊天時，如果孩子說出一些令你驚訝或反感的事時，切記要「不動聲色」，語調平常，假裝毫不在意，在還沒有明白事情真相或尚未想出如何應對時，先保持朋友般的傾聽。這很重要！如果我們要跟孩子說教或分析道理，最好跟聊天時間分開，這樣才能讓孩子在聊天中培養暢所欲言與無所不談的對話力。

陪伴筆記

和孩子愉快的聊天，三個重點：

①營造愉快的氛圍。

②讓孩子多談談他自己。切記，避免問太過於私密的問題。

③話題要有拋接球，家長千萬不要當「句點王」，把發言權還給孩子；比如：「我也很好奇你的想法是什麼？」、「是喔，為什麼你會這樣想呢？」

37

培養孩子的合作能力

有次應邀到新竹市關埔小學觀課，當天觀摩的是二年級的語文課程，主題單元是「他們忙些什麼？」，課程核心目標是教小朋友與他人互動時，能適切的運用語文能力表達個人想法，理解與包容不同意見，體會團隊合作的重要性。

授課的瑋娟老師以林良的新書《蝸牛強強》，示範利用表格整理文本訊息，帶領學生小組協作，練習規劃如何完成工作。孩子們展開熱烈的討論，我觀看的那組小朋友，剛開始很順暢，後來聲浪愈來愈大，其中一個小朋友面紅耳赤的堅持己見，不認同他人的看法，他甚至摀住耳朵，拒絕聆聽他人，全組吵成一團，老師立刻前來解決危機。

這幕教室風景不就正是老師想要教給孩子的核心目標：理解與包容不同

意見，體會合作的重要性嗎？很多孩子由於父母過度寵愛，造成任性，自我為中心，沒想到要替別人考慮，與別人合作時更不願退讓，所以在建立合作意識時，必須協助他們完成不良心理狀態的轉化，就是由懶散、沒耐心、缺少同理的直覺態度，轉化為勤奮、謙讓、自信。

學會接納別人的意見

合作意識的培養和發展，應該在合作的情境中完成。爸媽可以透過遊戲或體驗活動，培養孩子的合作意識，讓他們在參與活動中體會合作的快樂，領悟合作需要大家的共同出力，學會設身處地理解和體諒包容他人，才能使溝通順暢，進而促進合作的認知與情感的形成。

日常可以這樣做，全家的衣服洗好晾乾後，我特意堆放在沙發椅上，然後對孩子說：「怎麼辦？我想看電視，但是沙發上堆滿了大家的衣服，我沒有位置坐耶？」小孫說，「把衣服拿到另一張沙發椅上。」我說：「那你們要坐在哪裡呢？」大孫接著提議：「要不要大家一起把衣服摺一摺呢？」我馬上接應：「哇！真是好主意！」於是兩個孫子和我一起摺衣服，堆疊如小山丘的衣服，不一會兒功夫就整理好了！我們祖孫三人開心的坐在沙發上看電視。

當孩子能接納別人，就能包容他人的缺點，發現並欣賞對方的長處。這樣的話合作才有真正的動力和基礎。所以爸媽要經常告訴孩子每個人都有優缺點，要發現別人的優點，必須全方位觀察他人，例如有的孩子學習雖然慢一點，但對班上的集體活動很熱心；有的孩子雖然不善表達，但很善解人意；有的孩子成績不理想，但能熱心幫助同學；只有全面觀察，才能發現別人的優點；只有發現別人的優勢，才有合作的心理基礎。

強化分享意識

人類從遠古時代開始，就依靠團結協作繁衍至今，與人合作更是當今世界人才的重要能力，在未來社會中懂得合作的人才可能獲得成功。如果孩子凡事都自私自利，斤斤計較，就很難和他人好好相處，更談不上能彼此合作了。爸媽應由生活中教孩子從慷慨大方中體會分享的快樂。教導時要注意原則和引導技巧，千萬不要強迫，更不需要對孩子講一堆無聊的大道理，不妨這樣跟他說：「你玩一下，讓他也玩一會兒，你們兩個都會很開心，這樣不是很棒嗎？」

爸媽是孩子最好的榜樣，孩子們都喜歡學習爸媽的一舉一動。只要爸媽在日常生活中注意協力合作，營造相互配合的典範，孩子就會充分感受到合作的必要與快樂。比如媽媽在做飯的時候，爸爸幫忙洗菜切菜；媽媽在打掃房間的時候，爸爸協助搬桌椅。最好也能讓孩子參與，共同完成家庭事務，學會分工配合。

陪伴筆記

父母要循序漸進的引導孩子接觸外界，不要過度逼迫，因為有些孩子性格較為內向，不敢與他人交流，這時爸媽不可責怪或打罵，甚至羞辱孩子。

鼓勵孩子參與團體活動時，需依照孩子的興趣，並給予孩子自主選擇參與的權利，而不是全權由爸媽安排，當孩子不喜歡某項集體活動，興致和參與感會大大降低，甚至會產生適得其反的效果。

團體活動有很多種，比如運動類的籃球隊、跑步社團，或是靜態的圍棋社，想一想，自己家的孩子適合哪些類型的團體活動。

38

美感教育

新竹市語輔團在琪斐主輔老師安排下，特別邀請語輔團總召阿丹校長公開觀議課。當天觀課對象是東門國小五年七班的學生，他們開心的期待：「校長上課一定很好玩！」公開觀議課是一〇八課綱實施以來，每個學期各校的校長、主任、每位老師都要公開教學，給所有老師共學，並且教完後要共同討論「教與學的成果與不足」做為專業研討的共識。

上課了！學生們興奮的交頭接耳，阿丹校長步入教室，大家立刻安靜無聲。校長輕聲說：「我是李老師，請跟我複誦一遍『李老師好』！」接著展開「美的發現」語文課程。

阿丹校長從文本中引導孩子對美的感受，其中宋代楊萬里詩中一句「接天蓮葉無窮碧，映日荷花別樣紅」；又舉課文中「落荷」——忽見一朵盛開的荷花，乍然脫落一片花瓣，接著一片片的飄落，直到全部落盡，歷時僅約一分鐘。這美的一分鐘，大人們聽得如夢如幻，讚嘆不已，但孩子們卻無法體會「美」，更別談「發現美」，都愣住了。阿丹校長敏感地看到孩子的反應，回到生活情境，貼近孩子的感覺。他掀起黑板前的投影布簾，看見兩行字：「歡迎校長來上課，您不要緊張啊！」借這個情境，校長說：「看到你們溫暖的留話，在我心裡，這就是『美』！」孩子們的臉頰立刻綻放花朵似的笑容。

阿丹校長乘勝追擊，播放校慶運動會大隊接力賽的影片，孩子專注觀察自己和同學的展現，忍不住要吶喊加油。影片播完後，校長問：「你們看到了什麼？」有人發現同學的跑姿很美，有人注意到同學跑得汗流浹背……，有個學生說：「我看到了『力與美』！」真是一語驚人，孩子果然從共同經歷中發現了「美」！

美育可豐富孩子的內心世界，陶冶情操，塑造健全的人格，提升孩子的審美素養，還能潛移默化的影響情感、氣質、胸襟，溫潤心靈，使孩子朝向全面發展，但我們的學校教育在強調智育表現的氛圍下，美育往往被忽視。

在孩子很小的時候，爸媽就應該重視美的教育，並貫穿他的成長歷程。蘇聯教育家霍姆林斯基說：「兒童時代錯過的東西，到了少年時代就無法彌補，到了成年時期就更加無望了。這一規律涉及孩子精神生活的各個領域，特別是美育。」

聰慧的爸媽，希望我們能及早讓孩子擁有發現美的智慧。在家庭中，爸媽可以這樣做：

打造美感的居家氛圍

為孩子打造整潔優雅、美觀舒適、充滿藝術情趣的居住環境，例如在空地或陽台小空間種植一些花草，使家中一年四季都綠意盎然。如果孩子喜歡畫畫，就騰出一面牆讓孩子任意塗鴉。家裡經常放舒緩優美的音樂，與孩子共同聆聽。爸媽儘量為孩子營造一個和諧的家庭氛圍，讓孩子時時感受到親人的關愛、家庭的溫馨。家庭生活中處處表現的人性美、人格美，就像春雨「隨風潛入夜，潤物細無聲」，不知不覺滲入孩子心靈深處。

走入大自然感受美

帶孩子走進大自然，感受自然之美。假日和孩子徜徉在大草坪上，仰望蔚藍無垠的天空，聽聽洶湧澎湃的海浪聲、觀察千姿百態的魚蟲鳥獸以及萬紫千紅的花草樹木，大自然神奇的變化會讓孩子感到其美無比，其樂無窮。寒暑假可以帶孩子去旅遊，讓孩子從中經歷更多美好的事物。

欣賞藝術作品

音樂是最普遍的藝術，它直接作用於人的感官，使人產生心靈的共鳴。如果孩子長期受到音樂薰陶，身心靈自然充滿和諧。放假時，我經常和孩子坐在電視機前，觀看維也納音樂會。他們從中知道了貝多芬、莫札特、史特勞斯等許多世界著名音樂大師，以及小澤征爾、梅塔等著名音樂指揮家，學會了欣賞《藍色多瑙河》、《小夜曲》、《命運交響曲》等世界名曲，感受藝術帶來的心情寧靜。

假日可帶孩子到家附近的美術館、博物館參觀，藉由欣賞畫作或藝術品陶冶孩子的性情。我經常帶孩子到新竹社教館或美術館參觀藝術展。出發前一晚，我會和孩子一起討論美術館之行的計畫，包括幾點出發、展館附近有哪些景點（美食店）可順道去等等，都是討論範圍。同時提前跟孩子講解參觀美術館的禮儀，比如公共場合可以交流，但不可大聲喧譁，不在館內飲食等。而且先瞭解展覽的背景，藝術品和藝術家的信息，為看展做一些實際的知識準備；甚至提前把參展藝術品的圖片搜索出來和孩子一起討論，方便看展時加入互動活動。

看展過程中，我會和孩子慢慢欣賞，追求品質，不追求數量，並適當停下休息。看畫需要集中精力，時間越長才能保持敏銳的注意力，不要為了看完整個展覽而走馬觀花，這樣反而得不償失，不如花五分鐘好好觀賞一幅畫。最重要的是，家長要尊重孩子的感受，並不是所有的展覽都受到孩子喜歡，孩子不喜歡某個展覽或某幅畫，是很正常的。每個人的感受不一樣，尊重孩子的感受和表達。

陪伴筆記

問問孩子，是否有想去的博物館或美術館，還是有想聽的音樂會？週末假日就帶他去逛逛美術館或去聽一場音樂會吧！

39

留心生活細節，培養孩子觀察力

前陣子回新竹市東門國小觀課，一年級老師進行國語「生字」的筆順教學，只見黑板貼滿了生字的大字卡，小朋友唱著：「從左到右上到下，由外而內橫再豎，先撇後捺懂筆畫，我是寫字小專家！」稚嫩嗓音聽起來很有趣。接下來老師請學生們分辨「上下不」三個字的異同，老師期待的是學生說由上到下，而學生卻能細膩的描述「下不」有點和長頓點，「不」還多了撇呢！「上」不是點，是一小橫線；孩子們的觀察力令教學老師和所有觀課者皆讚嘆不已。

回溯過去教學時，我發現觀察力強的孩子對事物的感知準確且完整，在腦子裡儲存的信息相對就豐富深刻；相反的，觀察力差的孩子，儘管他好像在看在聽，然而看到或聽到的東西卻不多，甚至是錯誤的。例如有些高年級的孩子還分不清「已」和「己」、「未」和「末」，寫起作文來只有幾句乾癟癟的口號，而且錯別字連篇，主要原因是沒有良好的觀察習慣。

達爾文說過：「我既沒有突出的理解力，也沒有過人的機智，只是在覺察那些稍縱即逝的事物，並對它進行精細地觀察。」還有阿基米德在洗澡時發現了「浮力原理」，由此可見，觀察力對一個人的發展是多麼重要，爸媽該如何培養孩子的觀察力呢？

在生活中用心觀察

首先，爸媽要多引導孩子觀察周圍的環境與事物。日常生活中，可找一些色彩鮮艷的東西，教孩子辨別顏色、形狀、大小、功能等；去公園時，沿途和孩子一起觀察花草樹木及小動物；逛百貨公司時，教孩子觀察琳琅滿目的商品，並且告訴孩子商品的用途；如果住在城市裡，假日時可帶孩子離開都市去看看田園風光，觀察我們吃的食物來歷等；相反的，居住在鄉下的家庭，則可帶孩子到城市鬧區逛逛，感受不一樣的生活模式。透過生活體驗不僅可以提高孩子觀察力，也能開闊孩子的眼界。

其次是激發孩子興趣，喚起孩子的觀察欲望。爸媽要創造有利於激發觀察興趣的情境，一般孩子喜歡觀察活的、會動的物體，以及顏色鮮艷的東西，也喜歡看大而清晰的物體圖像，所以讓孩子學習觀察，對象要具體、生動、活潑、好看、好玩、好聽、好嘗試等特性。只要我們捕捉到點亮孩子眼睛的那些「閃光點」，並適時引導孩子去觀察、猜測和探索，和孩子在一起的每一次戶外活動、遊戲、散步等，都是開啟孩子智慧探索的發現之旅。

建議爸媽引領孩子從整體到局部的觀察，像是我帶孫子到公園散步，遠遠看到一片草地，我就問孫子：「你看，那片綠油油的是什麼呀？」然後我再引導孫子：「草地上不止有小草，你還看到了什麼？」這時他可能會發現草地上有小鳥跳來跳去，同時又看到很多野花，大的小的、紅的黃的花；數一數、看大小、看顏色、看形狀；這個過程就是讓孩子從整體看到局部。

從主要特徵看到次要特徵，接下來要有順序的引導，養成孩子井然有序的觀察習慣。觀察必須用心，而非隨便的東看看西瞧瞧。任何事情都有頭有尾，有主有次，有順序。爸媽在教孩子觀察時，要注意抓住事物的主題，不要被旁枝末節迷惑。

同時，還要加強語言組織能力和被觀察事物的相關知識，更要讓孩子知道觀察的目的。比如，我讓孫子觀察「金魚和熱帶魚」、「孔雀魚和熱帶魚」、「觀賞魚和食用魚」的異同等，這個觀察活動對孩子來說既有趣又有效能，還可以讓觀察活動不斷深入，上網路查尋資料、做筆記，口語表達分享，提高觀察力水平。在對比觀察中，爸媽還要注意引導孩子觀察的順序，比如從上到下，從外到內等等，使觀察過程條理化和結果清晰且全面。

如果我們能堅持不懈，引導孩子有條理的觀察，一定能訓練出孩子邏輯清晰的語言表達力和寫作力。

利用看圖說話

在我的教學經驗中，「看圖說話」也是培養孩子觀察能力的好方法，可以一邊讓孩子觀察內容，一邊指點講解：圖中人物在做什麼，人物的神態、表情是怎樣的？人物之間有什麼關係？人與物體之間有哪些關聯？這幅圖要說明的是什麼？在這樣的指導下，孩子就能快速掌握住觀察的要領。以後觀察時，他就會對自己提出系列的觀察問題，並進行主動有感的觀察；隨著觀察得到的收穫越多，孩子的觀察能力也得到了很大的發展，受益終身。

觀察力是智慧的門戶。科學的研究結果也告訴我們，大腦所獲得的信息，有80％到90％是通過眼睛和耳朵吸收的。所以，聰慧的爸媽在孩子幼小時，就要培養他們敏銳的觀察力，激發孩子的思維，點燃他們智慧的火花。

陪伴筆記

「看圖說話」的練習，拿一本繪本，帶領孩子先只看圖，試著讓孩子看圖說故事，或是請孩子看看圖畫中有哪些東西、人物、背景……。

等孩子說完，再將故事念給孩子聽，或陪著孩子一起看文字，會有意想不到的樂趣喔。

40 從寫日記培養孩子學習力

在我的教學經驗裡以及從學生們交回的作業和學習單來看，不難發現許多孩子背後都有個「非常偉大、賢慧」的媽媽或爸爸，凡事幫孩子操心到底。常久下來，孩子對自己沒信心，不敢輕舉妄動，這對孩子自信心的養成是嚴重衝擊。家長想要理性地建立孩子的自信心，可從訓練生活自理能力開始，例如整理書桌、書包、穿衣服、吃飯、寫功課及做家事等，凡事由孩子親力親為，給予學習的機會。

其次，協助孩子訂出具體可行的學習計畫，設想要達到怎樣的學習目標，根據主客觀條件而制定步驟與學習方法。學習計畫應包含五方面：學習目標、學習內容、時間安排、學習進度與檢核，以及保證落實的措施。

孩子學會了訂立目標及計畫，就會激發出前進的動力，創造成功的經驗。重點是要讓孩子注重學習效率，我建議最簡單易行的辦法是：不要硬性規定孩子的學習時間，讓孩子做完作業就玩，也就是「訂任務」，而不是「訂時間」，個人認為這種策略非常有效。

當孩子對學習有興趣，就會積極主動的要求學習，喜歡學習和堅持學習，因為興趣是孩子求知的內在動力。孩子有強烈的學習興趣，才會主動持久的進行學習。根據我在教育界五十年的教學和觀察，對學習有濃厚興趣、自覺性強的孩子，大部分都能專心聽講、注意力集中、認真做筆記、肯動腦、愛提問、按時完成作業、主動閱讀課外讀物，並且有克服困難的堅強毅力。

養成孩子不懂即問的習慣

以教育學習的立場來看，培養孩子不懂就要問的習慣非常重要。在歐美多國學校的課堂上非常熱鬧，學生遇到不懂的問題就會發問，老師與學生在教與學的關係是互動熱絡的，因此學生學得靈活有樂趣，理解得也很深。台灣過去傳統教學方式非常安靜，老師滔滔不絕地說，也不知道學生聽懂了沒；而學生怕挨罵、被譏笑，也不敢發問和表達，等到寫作業和考試時才發現問題，這並不是一個有效能的學習方式。不懂就要問是值得鼓勵的。幸好自一〇八課綱運作以來，台灣的教室風景已大大改善，上課以孩子為主體，老師隨時關注孩子的學習是否理解和到位，充滿優質師生互動的氛圍。

引導孩子寫日記

表達能力可以透過寫日記的習慣而養成，且與提高學習科目的成就大有關係，所以最好能養成孩子天天寫日記的習慣。低年級的孩子可以練習「圖文並用」寫日記，中高年級隨著識字增多，逐步引導為完全的文字表達。引導孩子寫日記的好處多多，既可瞭解他們的思維，又可以促進孩子語文能力的提升，哪怕一天只寫一行都大有助益！

陪伴筆記

父母該如何養成孩子寫日記的習慣呢？

低年級的孩子，玩圖畫日記：孩子的第一本日記，可用「圖畫日記本」，空白的更好。圖畫日記本可以寫的字數不多，孩子很容易就寫滿，較容易有成就感，就能堅持下去。識字不多或還不會寫字的孩子，就用空白日記本，請孩子把當天發生的事，重點式畫下來。

中年級的孩子，爸媽或師長幫忙找題材：升上中年級，日記的格子變小變多，字的數量也增多，孩子在這個階段最常犯的毛病就是把日記寫成流水帳，因為還不太會找題材。爸媽可試著用出題的方式來引導：校園中最美的花、今天服裝最特別的人、讓我最開心的時刻。爸媽提供需要仔細觀察的題目，小朋友接受挑戰後，觀察力自然跟著進步。

高年級的孩子可寫交換日記：孩子升上高年級，就進入青春期前，開始有心事了。這階段有的孩子喜歡寫交換日記，你寫一篇我寫一篇，再彼此交換；那種期盼看到別人眼中世界的心情，彼此分享的感覺很棒。如果可以，爸媽不妨邀孩子寫交換日記，母子的、父女的，甚至全家人一起來，相互關懷。不是偷窺孩子的日記，而是利用日記架起親子間的橋樑。

41

教出有思考力的孩子

在學校帶領課程工作坊時，我常邀請夥伴老師專業共研，像是語文讀寫教學，夥伴老師可能表示「不知如何教」，或「不知道要教什麼」，我會先問：「如果你知道要教什麼，你會怎麼教？」讓夥伴老師勇敢分享想法。

在清大上課時，我也遇過好幾次學生舉手想問問題，一站起來卻尷尬的說：「老師，我忘記要問什麼了。」我會微笑的說：「如果你知道自己要問什麼，那會是什麼？」說也奇怪，這句話一出，通常對方就能開口說話且流暢分享，或著手做活動了。

當然，這句話雖然有一定程度的魔力，但師長的態度還是關鍵。在家中，如果爸媽能表現好奇、誠懇與開放的態度，孩子通常也能感受得到，他們會願意多說一點。如果孩子願意說話了，爸媽要繼續保持尊重，甚至支持肯定他說的話，如：「我聽到你說……，謝謝你願意告訴我。」孩子就會有信心在爸媽面前說話，不會怕被責罵，更積極的全盤表達。當然，連帶就會啟動思考了。

問好問題，引動思考

我希望孩子在日常生活中能頻繁的思考，當孩子提問時，我通常都不先說答案，而是反問：「我不知道啊！你自己想想看，或你先查查看。」如果孩子問：「為什麼？」我也反問：「你認為呢？」藉以誘發孩子思考及表達。

想要培養孩子的思考力，爸媽可以這樣說：

「這個想法好有趣，你為什麼會這麼想？」

「孩子，我們不要只想到缺點，要不要也想一想優點呢？」

爸媽盡力給予提示，提出好問題，讓孩子自行思考答案。像用餐前的準備就是拓展孩子思而後行能力的好機會；餐桌上已經擺好了湯匙和碗，爸媽不要直接說「把筷子拿到餐桌上」，而是問孩子：「還缺什麼餐具呢？」打掃家裡時，不直接說把椅子移開，而是像玩猜謎遊戲般問：「我想打掃那邊的地板，該怎麼辦才好呢？」盡量製造情境，讓孩子有思考和表現的機會。

遊戲中訓練思考力

如果問孩子：「你最喜歡做什麼？」95％以上的孩子可能會說：「我最喜歡玩！」心理學家表示，當孩子投入「玩」的情緒時，他不只在玩，更在主動觀察、感知、思考周圍的世界，在鍛鍊大腦和思維。所以爸媽可引導孩子玩得有目的，設計一些遊戲給他，提供豐富的遊戲材料，通過具挑戰性的問題來引發孩子動手和動腦。比如「開箱遊戲」，讓孩子思考箱子裡的物品可以如何使用；也可以找一款難易適中的積木，讓孩子在組裝堆疊中構思作品；或是藏寶遊戲，讓孩子思考東西要藏在哪裡才不容易被發現。經常和孩子玩這類遊戲，孩子會愈來愈聰明。

一個人的思考力如何，關係到他在學習、工作和生活中有怎樣的表現。如果爸媽在生活情境中能問好問題，展現尊重與支持的態度，以及利用妙趣橫生的智力遊戲來訓練孩子的思考力，相信絕對有助於孩子在學習中如魚得水。

陪伴筆記

我特別推薦以下幾本關於培養孩子思考的書，提供家長們參考：

①《小小思考家繪本系列》：聽故事的孩子會不斷發出「為什麼？」、「然後呢？」等好奇情節與提問。共讀的過程中，一旦孩子提出與繪本有關的問題時，就是思考開始的時刻。（親子天下）

②《鴨子？兔子？》：從一個角度看是鴨子，從另一個角度望去卻是兔子，同一張圖，你看到是鴨子，還是兔子呢？讓鴨子和兔子帶我們為思考的日常練習暖身。（遠流出版）

③《林海音奶奶80個伊索寓言》：書中講完一個故事，就會說「這個故事告訴我們……」，爸媽可運用讓孩子練習抓出重點下標題。（國語日報出版）

④《我家是動物園》：透過這本可愛的小書當練習，開始連結想像。（信誼出版）

⑤《我贏了！我輸了！》：學習換位思考並不容易，特別對小小孩，可從這本書開始練習。小羊和小鴨子在同一事件中，如何呈現各自不同的觀點。（親子天下）

⑥《美女還是老虎？》：在王國的競技場中有兩道門，一扇門後面是老虎，一扇門後面是美女，不管怎麼選擇都將是衝突性的結果？這個故事有著開放式的結局，可讓孩子練習想像力。（格林文化）

42

尊重孩子的決定，幫助自主意識萌芽

大孫讀雙語小學，期末測驗要考包括英文、數學和國語的七大科。考前的星期日，一大早就聽到兒子拉高嗓門叮嚀大孫，先讀較有挑戰度的英文寫作，孫子卻想從他喜歡的自然科開始復習，父子倆為了先讀哪一科相持不下，最後父命難違，孫子勉強拿出厚重的英文課本。之後我觀察孫子，他坐在書桌前根本心不在焉，不是搔頭就是摳鼻子，還不時東張西望。

一週後，孫子的期末考成績發布，果然如我所料，分數最低的就是英文，而且是倒數幾名。這可把兒子給氣炸了！我趕緊提醒兒子：「教育孩子，不是你替他做決定，或命令他執行你的想法；如果這麼做，結果往往適得其反。」

相信親子意見不同的情況也常發生在很多家庭，建議忙碌又求好心切的爸媽試試下列的方法：

✦幫助孩子克服依賴他人的壞毛病

很多爸媽總是幫孩子打理好大大小小的所有事情，這樣會養成孩子對爸媽過於依賴的壞毛病，以致於日後孩子面對困難時，毫無招架之力，只會喊爸叫媽。家長要改變對孩子事事包辦的習慣，嘗試讓孩子做本來他就應該做的事，協助孩子克服依賴他人的毛病。當孩子遇到困境的時候，可以幫孩子出謀劃策，引導他自己去面對及解決問題，讓他有克服困難的勇氣。

父母終究沒辦法幫孩子過他的人生，能做的就是培養他的決策能力，讓他回答人生的選擇題時，能判斷哪個選項最適合自己。讓孩子從小開始做決定，例如家庭採購日用品時，讓他決定買什麼；外出前讓他自己搭配衣服；讓孩子在一次次做決定的過程中，摸索出怎樣做正確的決定，日後挑戰升學、就業、感情等大事，必定不會馬失前蹄。日常就有很多讓孩子自己做決定的事，像是：「為了準時起床，上學不遲到，你覺得晚上玩手機可以玩到幾點呢？」藉由自己找答案，不斷實現自己的想法，孩子就會愈來愈有自信。所以，爸媽能為孩子做的，就是讓他思考，給他支持。

安排任務，讓孩子獨立完成

家長還可透過安排合適的任務，讓孩子完成，協助他養成獨立思考的習慣和動手做的能力。平時道理講再多，不如讓孩子實踐，他成長的速度會更快。像是在安全的情況下，讓孩子去幫忙採買生活用品，幫家人拿郵箱裡的信件，整理一下花園等。在動手做的過程中，孩子會不斷提高對事物的判斷和選擇意識，自信與自立自強的能力也會相應提高。父母都想給孩子最好的，捨不得讓孩子吃苦，但愛孩子不是讓他在父母庇護下，穿最時尚的，吃最高檔的，過度的物質享受會讓孩子事事依賴父母，應該給孩子理智的愛，不要讓父母的愛折斷孩子飛翔的翅膀。

教會孩子對自己的選擇負責，才是爸媽該做的事。而選擇這種軟實力，學校或補習班根本教不來。簡單的說，爸媽要做的就只是陪著孩子，在他出錯前略加提點就行，甚至就讓他出錯（在安全且不影響他人狀態下），失敗會讓他更記住學習到的經驗。更進一步，還可以替孩子的人生決策做一點因果分析，但千萬記得，把最後的選擇權交還給孩子，讓他為自己的人生自行負責。如果無法理解孩子做決定的動機，只要無傷大雅，就讓他福禍自己擔，扛下自己的責任。

帶領孩子參與討論，讓他接觸成人世界

孩子有自己的獨立人格，我們應該給他發表意見的權利。蹲下來和孩子說話，讓他參與成人的討論，例如和孩子一起討論家庭旅遊時的住宿或景點；在親友聚會時讓他負責接待，給他接觸成人世界的機會，增加他的社會歷練，形成獨立生活的習慣和決定能力。

孩子必然長大，一定會自己迎接生活中的風雨，自己把握航向。所以，爸媽要從小事開始讓他練習做決定，尊重他的想法，他才會變成有能力的人。

陪伴筆記

日常生活中就有很多機會能讓孩子練習做決定，像我帶孩子去公園玩時，都會讓孩子自主決定玩或活動的順序，只要他們能說出先玩或先暖身慢跑的理由，我都予以尊重。目標是安全第一，又能達到玩耍和健身目的即可。

國家圖書館出版品預行編目資料

校長媽媽50年的教養智慧：消除你的育兒焦慮,養出孩子的好品格與生活力/黃美鴻著. -- 一版. -- 臺北市：商周出版：英屬蓋曼群島商家庭傳媒股份有限公司城邦分公司發行, 2023.05
面；　公分. -- (商周教育館；64)
ISBN 978-626-318-682-8 (平裝)

1.CST：情緒管理 2.CST：子女教育 3.CST：親職教育

528.2　　111018308

線上版讀者回函卡

商周教育館 64

校長媽媽50年的教養智慧

消除你的育兒焦慮，養出孩子的好品格與生活力

作　　者／黃美鴻
企劃選書／黃靖卉
責任編輯／彭子宸

版　　權／吳亭儀、林易萱、江欣瑜
行銷業務／周佑潔、黃崇華、賴玉嵐
總 編 輯／黃靖卉
總 經 理／彭之琬
第一事業群總經理／黃淑貞
發 行 人／何飛鵬
法律顧問／元禾法律事務所 王子文律師

出　　版／商周出版
臺北市104民生東路二段141號9樓
電話：(02) 25007008　傳真：(02)25007759
blog: http://bwp25007008.pixnet.net/blog
E-mail：bwp.service@cite.com.tw
發　　行／英屬蓋曼群島商家庭傳媒股份有限公司城邦分公司
臺北市中山區民生東路二段141號2樓
書虫客服服務專線：02-25007718；25007719
24小時傳真專線：02-25001990；25001991
服務時間：週一至週五上午09:30-12:00；下午13:30-17:00
劃撥帳號：19863813；戶名：書虫股份有限公司
讀者服務信箱：service@readingclub.com.tw
城邦讀書花園 www.cite.com.tw
香港發行所／城邦（香港）出版集團
香港灣仔駱克道193號東超商業中心1樓_E-mail : hkcite@biznetvigator.com
電話：(852) 25086231　傳真：(852) 25789337
馬新發行所／城邦（馬新）出版集團【Cite (M) Sdn Bhd】
41, Jalan Radin Anum, Bandar Baru Sri Petaling, 57000 Kuala Lumpur, Malaysia.
電話：(603) 90563833　傳真：(603) 90576622　Email：services@cite.my

封面設計／林曉涵
排版設計／林曉涵
印　　刷／韋懋實業有限公司
經 銷 商／聯合發行股份有限公司
新北市231新店區寶橋路235巷6弄6號2樓電話：(02) 29178022　傳真：(02) 29110053

■2023年5月25日一版一刷
Printed in Taiwan
定價400元

城邦讀書花園
www.cite.com.tw
 ISBN 978-626-318-682-8　eISBN(EPUB) 9786263186842